2020

Um desastre mental sem precedentes

Editora Appris Ltda.
1.ª Edição - Copyright© 2021 dos autores
Direitos de Edição Reservados à Editora Appris Ltda.

Nenhuma parte desta obra poderá ser utilizada indevidamente, sem estar de acordo com a Lei nº 9.610/98. Se incorreções forem encontradas, serão de exclusiva responsabilidade de seus organizadores. Foi realizado o Depósito Legal na Fundação Biblioteca Nacional, de acordo com as Leis nos 10.994, de 14/12/2004, e 12.192, de 14/01/2010.

Catalogação na Fonte
Elaborado por: Josefina A. S. Guedes
Bibliotecária CRB 9/870

P114d
2021
	Paccola, Natthalia
	    2020 : um desastre mental sem precedentes / Natthalia Paccola. - 1. ed. - Curitiba : Appris, 2021.
	    97 p. ; 21 cm.
	
	    Inclui bibliografia.
	    ISBN 978-65-250-0303-0
	
	    1. Covid -19 – Aspectos – psicológicos. 2. Contagio (Psicologia social). 3. Saúde mental. I. Título. II. Série.
	
	CDD – 302

Livro de acordo com a normalização técnica da ABNT

Appris *editora*

Editora e Livraria Appris Ltda.
Av. Manoel Ribas, 2265 – Mercês
Curitiba/PR – CEP: 80810-002
Tel. (41) 3156 - 4731
www.editoraappris.com.br

Printed in Brazil
Impresso no Brasil

Natthalia Paccola

2020
Um desastre mental sem precedentes

FICHA TÉCNICA

EDITORIAL	Augusto V. de A. Coelho
	Marli Caetano
	Sara C. de Andrade Coelho
COMITÊ EDITORIAL	Andréa Barbosa Gouveia (UFPR)
	Jacques de Lima Ferreira (UP)
	Marilda Aparecida Behrens (PUCPR)
	Ana El Achkar (UNIVERSO/RJ)
	Conrado Moreira Mendes (PUC-MG)
	Eliete Correia dos Santos (UEPB)
	Fabiano Santos (UERJ/IESP)
	Francinete Fernandes de Sousa (UEPB)
	Francisco Carlos Duarte (PUCPR)
	Francisco de Assis (Fiam-Faam, SP, Brasil)
	Juliana Reichert Assunção Tonelli (UEL)
	Maria Aparecida Barbosa (USP)
	Maria Helena Zamora (PUC-Rio)
	Maria Margarida de Andrade (Umack)
	Roque Ismael da Costa Güllich (UFFS)
	Toni Reis (UFPR)
	Valdomiro de Oliveira (UFPR)
	Valério Brusamolin (IFPR)
ASSESSORIA EDITORIAL	Evelin Kolb
REVISÃO	Ana Carolina de Carvalho Lacerda
	Anelise Minghelli
PRODUÇÃO EDITORIAL	Carlos J. Souza
	Letícia Hanae Miyake
DIAGRAMAÇÃO	Daniela Baumguertner
CAPA	Daniela Souto
COMUNICAÇÃO	Carlos Eduardo Pereira
	Débora Nazário
	Karla Pipolo Olegário
LIVRARIAS E EVENTOS	Estevão Misael
GERÊNCIA DE FINANÇAS	Selma Maria Fernandes do Valle
COORDENADORA COMERCIAL	Silvana Vicente

PREFÁCIO

Existem coisas que tocam a razão, a erudição e nos dão um prazer muito grande porque nos fazem mais constituídos intelectualmente.

Existem coisas que, além disso, nos emocionam porque vêm de uma honestidade e de uma capacidade de sentir tão profundas, que nos constroem na universalidade que nos une: a alma, que é tocada pela existência das outras almas.

Assim me senti ao ler este livro: tocada.

Tenho certeza de que as ideias que são apresentadas aqui vêm da capacidade de Natthalia transformar em palavras seus sentimentos, com a transparência que lhe é característica.

Obrigada, Natthalia, por me permitir e permitir a todos os leitores relembrarmos com suas palavras o que diz John Donne: que nenhum homem é uma ilha isolada.

Nesse aspecto, este livro é uma provocação mais do que bem-vinda e mais do que necessária em dias tão fortes de serem vividos.

Selma Regina Pato Vila

Historiadora e psicanalista

SUMÁRIO

INTRODUÇÃO 9

1

ANTES DA PANDEMIA – MARÇO DE 2020, BRASIL 13

2

DURANTE A PANDEMIA – JULHO DE 2020, BRASIL 27

2.1 SAÚDE MENTAL NA PANDEMIA 34

    2.1.1 Como minimizar os estados de pânico e ansiedade 34

    2.1.2 Filtrar o que se vê e lê 36

2.2 NEGAÇÃO NO PERÍODO DA PANDEMIA 38

    2.2.1 O que é o estado de negação? 39

    2.2.2 Negação da pandemia e suas implicações 39

2.3 O USO DE MÁSCARAS E A IMPORTÂNCIA DO OLHAR 46

2.4 VIDA PROFISSIONAL NA PANDEMIA 48

    2.4.1 O trabalho na pandemia da Covid-19 50

    2.4.2 Mas o que é ócio criativo? 52

2.5 SAÚDE MENTAL E ESTRESSE PÓS-TRAUMÁTICO
EM PACIENTES COM COVID-19 65

    2.5.1 O que é Transtorno de Estresse Pós-Traumático? 66

    2.5.2 O tratamento do TEPT 67

    2.5.3 O papel da família 67

2.6 TELEMEDICINA E TELECONSULTA 67

3

APÓS A PANDEMIA. BRASIL 75

CONCLUSÃO 87

POSFÁCIO 89

REFERÊNCIAS 93

INTRODUÇÃO

Muitas fatalidades ocorreram e doem profundamente em algum ponto que ainda encontra resistência dentro de mim.

Há muitos anos eu pratico o autoconhecimento, entretanto, há situações que de tão inusitadas acabam me levando à reflexão dolorida de que ainda não reconheço onde encontrar a paz necessária para diferenciar se estou no mundo ou se pertenço a ele.

Percebo que o momento atual está trazendo marcas profundas para a existência como um todo, e isso me afeta.

No início deste ano várias mudanças profissionais e íntimas desestruturaram minha vida profissional, financeira e afetiva. Se por um lado a vida afetiva ganhava um aliado, a vida profissional de quem depende de mídias sociais apresentava mudanças significativas, como censuras, limites e drásticos boicotes.

No final de fevereiro enviei, de ímpeto, uma mensagem para meus filhos, Verena e Gustavo, dizendo: "no dia 05 de março vamos viajar, passaremos 12 dias longe, não marquem compromissos." No meu íntimo algo dizia que não haveria outra data para viajarmos durante um futuro próximo.

Minha dentista colocou oito máscaras faciais de proteção na minha bolsa de viagem e me alertou: "Use no aeroporto e no avião. Não esqueça!". Confesso que não entendi direito o motivo daquele cuidado, mas coloquei as máscaras e junto da família fizemos várias *selfies* com elas. Notei que nos aeroportos por onde passei havia pessoas que também usavam essa proteção.

No retorno, ao saber que um vírus se alastrava, liguei para uma grande amiga, dessas que fazem as madrugadas avançarem junto de lágrimas, sorrisos e muitas confidências.

Minha amiga Roseli é enfermeira, a pessoa em que mais confio quando alguém próximo a mim, até mesmo paciente, passa por alguma dificuldade e, para ajudar, preciso de conselhos sobre tratamentos com medicamentos, médicos ou internações.

Ela me falou da situação na Unidade de Pronto Atendimento (UPA) aqui da cidade onde resido, Indaiatuba, e contou que quando chegavam pacientes com suspeita de infecção por coronavírus, era ela a primeira pessoa a acolher o adoentado.

Havia dias que conversávamos pela manhã, tarde e noite. Mesmo durante os plantões, eu telefonava ou enviava mensagem de texto para saber se ela estava bem e ela me respondia: "Tô ótima amiga, se cuida e cuida dos seus, te amo". Era sempre assim.

Falei para ela do e-book que eu estava lançando, com o objetivo de relatar a pandemia e os cuidados mentais. Ela, então, elogiou dizendo que estava orgulhosa e relatou também o quanto estava feliz em ajudar, em ser instrumento para a cura por meio de seus cuidados como enfermeira.

A ideia deste livro surgiu do lançamento de um e-book que escrevi para as minhas mídias "Fãs da Psicanálise", com o tema da pandemia. O livro digital fez tanto sucesso que resolvi aceitar o desafio e transformá-lo em livro físico, que agora chega até você.

Eu insistia para que a Roseli trabalhasse menos, fizesse menos plantões, pois temia pela sua saúde, e as palavras que ela escreveu como resposta estão no meu celular: "Minha amiga, se eu adoecer fique tranquila. É Deus me chamando e dizendo que serei mais útil ajudando lá do que aqui".

Depois de dois meses, ela começou a adoecer. Entretanto, os exames para a Covid-19 não acusavam o contágio. A Roseli me falou que não estava bem, que era "uma friagem que havia tomado", que já estava usando a bombinha da asma, fez tomografia e estava se cuidando.

Em uma segunda-feira de julho tudo mudou. Recebi uma mensagem em um grupo de amigos dizendo que a Roseli estava no hospital e imediatamente escrevi: "Amiga, o que está ocorrendo?".

Ela disse que ficaria ali por um tempo, que precisava se tratar, pois o último exame acusava a Covid-19. A partir desse momento nos falávamos brevemente todos os dias através de mensagens de texto e áudio. Eu já estava inserida no grupo de orações da família dela com quem passei a ter maior intimidade e muita amizade.

Nas nossas conversas à noite, combinávamos de dormir ao mesmo tempo e imaginar que estávamos de mãos dadas, um modo de ela não se sentir tão sozinha no hospital. Em uma sexta-feira, pela manhã, ela narrou um sonho "maravilhoso" que havia tido.

Mas, exatamente nesse mesmo dia alguém mencionou no grupo de mensagens do celular que a Roseli havia passado muito mal e ido para a Unidade de Tratamento Intensivo. Algumas horas depois, ela aparece no meu aplicativo de um jeito bem-humorado: "Amiga, dei uma passeada na UTI, mas já estou de volta". Eu relatei a minha aflição e nos despedimos. Foi essa a nossa última mensagem. Nessa mesma noite a Roseli foi levada novamente para a UTI e ali permanece até o presente momento.

Decidi contar essa história para você, leitor do meu primeiro livro tão sonhado, para homenagear aqueles que passam pelas mesmas situações, seja no leito de um hospital, rezando em um grupo de mensagens, passando por diferentes lutos, trabalhando na linha de frente, dando aulas virtuais, compartilhando a mesa das refeições em família com anotações e notebook, seja como for. Somos tantos e apenas um, compadecidos da mesma nova realidade. Estamos juntos e precisamos estar seguros de que este mundo pode ser um lugar melhor se nos unirmos em amor fraterno.

Para os sobreviventes de 2020 é preciso coragem. Por muitas vezes questionamos a nossa fé e testamos a nossa humildade. Também necessária é uma dose extra de prudência para agirmos com responsabilidade diante do respeito por outras vidas, as quais se apoiam na nossa fortaleza interior e depositam, na amizade, palavras modestas de consolo e fidelidade ao amor que a todos une.

O maior desafio da pandemia tem sido encontrar respostas para perguntas que desafiam:

– Eu de fato trabalho para um mundo melhor?

– O que tenho feito com a minha vida?

– Tenho sido grata pelas oportunidades que se abrem todos os dias?

Agradeço a você que chegou até aqui. Que meu livro contribua de alguma forma para que os seus dias não sejam apenas uma rotina, mas sim que sejam experimentos para a sua realização pessoal, visando ao bem coletivo.

Dividi os capítulos deste livro em Antes, Durante e Depois da pandemia pela Covid-19. Acredito que desse modo a didática é fluente e, assim, conseguiremos chegar ao entendimento de que dias melhores virão para aqueles que se habituam à ideia da impermanência do ser.

Boa leitura, boas novas e até breve,

Luz para o bem,

Natthalia Paccola

1. ANTES DA PANDEMIA

Março de 2020, Brasil

Como é a sua vida? Provavelmente, se lhe fizessem essa pergunta antes da pandemia da Covid–19 a sua resposta seria diferente. Mas, o que é vida?

Vida é aquilo que experimentamos da manhã até à noite, sete dias por semana, durante setenta anos (se tivermos sorte) ou mais (se formos afortunados). Como é a sua vida? O seu dia a dia? Você acordava pela manhã... E então? Provavelmente você é capaz de narrar como era o seu cotidiano antes da pandemia. Essa é uma lembrança que ainda está ativa na sua mente, algo que, se fechar os olhos, é capaz de repassar com cores, sentimentos e, talvez, saudades. Nessa época você estava realizado com a sua vida? Esperava mudar algo? Estava satisfeito com os seus dias? Havia medos, incertezas, planos e objetivos? Agora, pense no hoje: qual é a sua rotina? Ou melhor: você tem uma rotina? Consegue dizer como estão seus planos, objetivos, expectativas?

De fato, estamos em um momento confuso, do ponto de vista pessoal e econômico, já que um pensamento, na prática, leva a outro, não há como negar.

Antes tínhamos um suposto controle sobre a nossa vida. Conseguíamos prever como nossas ações poderiam originar consequências e como elas estabeleceriam novos rumos para a nossa vida. Agora estamos no modo "pausa".

Em fevereiro, uma amiga me confidenciou que estava prestes a pedir o divórcio ao seu marido. Já era algo esperado. O marido chegava tarde do trabalho todos os dias. Mal se falavam, e quando o faziam era apenas para tratar das contas e de aspectos práticos, como supermercado ou empregados. Aos finais de semana, cada um ficava em uma televisão, acompanhando uma série. À noite, comiam uma pizza. No domingo, a rotina podia incluir um almoço em família. Conversei com ela nessa época. Cerca de 20 dias passaram, e ela me disse que estava em modo "pausa". Achei original o termo e o adotei. Quem mais está "pausado"? Só ela?

Essa sensação de estar parado, inerte, na realidade, é uma falácia, pois a mente não para. Ela constantemente está em busca de respostas e de saídas para que encontre a tão desejada homeostase.

Mas e o que está fora da sua mente? Também está "pausado"? Reflita. Os dias, meses, anos, continuam a avançar, assim como as dúvidas, os questionamentos, as dores, os melindres – e até mesmo os boletos – continuam a correr. Você está esperando a chamada "quarentena" passar? Está deixando as decisões que teriam de ser tomadas hoje para depois? Está perplexo? Está com medo?

Ninguém poderia ter adivinhado ou previsto isso. Nem Nostradamus, nem os maias e muito menos nós mesmos. No entanto, sim, os virologistas sabem que as pandemias são caprichosas: surgem de tempos em tempos e é muito difícil prever como elas farão isso, qual será o gatilho e qual será o efeito.

Afinal, não há organismo mais imprevisível e inteligente do que o vírus. Ele é capaz de sofrer mutações conforme o tempo, é eficaz ao ponto de saltar de um organismo para outro, mesmo de diferentes espécies. Da mesma forma, até onde sabemos, a Covid-19 não é uma gripe simples e sua origem (fora do que as teorias da conspiração nos dizem) é natural.

Para lutarmos contra ele, nossas armas tradicionais foram vencidas. Do poder militar nuclear ao luxo das moradias com vistas ao Central Park (que hoje está tomado por tendas de hospital de campanha). Os planos de saúde caros não são suficientes para entender e atender à demanda. Nossos celulares de última geração e as dezenas de canais pagos das nossas televisões também não são capazes de preencher o vazio dessa solidão imposta, sentida e comum a todos.

A vida passa muito rápido e, quase sem perceber, nos tornamos o coelho branco de *Alice no País das Maravilhas*, agarrados a um relógio, preocupados e obcecados com a ideia de que, por mais que corramos, estaremos sempre atrasados. Muitos de nós somos assim: aqueles que raramente param. Até que, de repente, algo aconteceu e a corrida diminuiu. Não existe mais ontem ou amanhã, apenas um presente que nos prende, deixando-nos suspensos em uma antessala onde o tempo não parece fluir.

O vírus que mudou nossas vidas, como é de sua natureza, não teve piedade ou consideração. Ele não se importou se você estava no seu melhor momento, prestes a iniciar um novo projeto. Ele não se importou com seus planos, com aquela consulta inevitável, aquela prova, aquela viagem, aquela entrevista de emprego, aquele casamento ou mesmo aquela operação cirúrgica. Tudo parou e o mundo, sem protesto, cedeu — cada um dentro das suas possibilidades (ou além delas).

Acredita-se que haja uma aniquilação da felicidade e do amor por conta desse vírus. Contardo Calligaris[1], psicanalista, fala que pode existir uma grande palavra-chave desde que a cultura ocidental transferiu para a medicina a tarefa de pensar. A sobrevivência é o que mais importa hoje, seja do ponto de vista da saúde ou da economia. A vida é o que importa neste momento. O autor refere-se à importância do poder supremo de viver anos a mais, de gozar de boa saúde.

Para a Monja Coen[2], zen budista brasileira, o estado mental de uma pessoa tem relação com a sua imunidade. Manter aceso o olhar curioso da criança, ver o mundo de uma forma inédita

---

[1] CALLIGARIS, Contardo. Tenho medo de que coisas cotidianas não voltem nunca mais. *Fronteiras do pensamento*. 05 maio 2020. Disponível em: https://www.fronteiras.com/entrevistas/contardo-calligaris-tenho-medo-de-que-coisas-cotidianas-nao-voltem-nunca-mais. Acesso em: 13 ago. 2020.

[2] COEN. *Monja Coen afirma que autoconhecimento pode ser antídoto na pandemia*. Agência Brasil. 28 jun. 2020. Disponível em: https://agenciabrasil.ebc.com.br/geral/noticia/2020-06/monja-coen-afirma-que-autoconhecimento-pode-ser-antidoto-na-pandemia. Acesso em: 13 ago. 2020.

e se apaixonar pelos detalhes podem ser hábitos poderosos. Ela acrescenta:

> A imunidade depende do nosso estado de tranquilidade. Não só, mas muito. Quando o coração fica quentinho, quando é gostoso. A gente tem que encontrar alguma coisa na vida que sinta prazer em ver[3].

Quanto aos questionamentos com os quais muitas pessoas se deparam na atual situação, a Monja é assertiva:

> Pare de se lastimar e falar 'queria poder abraçar'. Tem que ser bom agora. Onde você está é o melhor lugar do mundo, porque sua vida está aqui. Aprecie a sua vida. Aprecie as pessoas perto de você[4].

Já o filósofo Giorgio Agamben questiona o valor da sobrevivência nos tempos atuais. Para ele, o simples fato de sobreviver não deveria ser um valor em si, mas sim o fato de que existe uma apatia muito grande em termos morais na sociedade.

Para mim, a quarentena começou no dia 14 de março de 2020. Havia retornado de férias paradisíacas quando percebi a proximidade do vírus. No grupo de mães do WhatsApp, perguntei se haveria prova no dia seguinte para o meu filho, já que passamos 15 dias longe. Uma das mães me respondeu: "haverá prova, mas acredito que você não deva levar o seu filho para a escola".

Foi então que vislumbrei uma nova realidade. Eu já sabia que havia "um tal de Coronavírus" (Covid-19) que ameaçava países como Itália, China e chegava aos EUA. Mas, aqui, em Indaiatuba, uma cidadezinha do interior de São Paulo, no Brasil, parecia exagero. No entanto, no dia seguinte, a quarentena foi implantada pelo governo do Estado e estava ali, nítida e

---

[3] COEN, 2020.

[4] COEN, 2020.

categórica, impondo nosso isolamento social. Como passei por vários aeroportos, teria que ficar reclusa por vários e vários dias.

Assim percebi que minha vida já não seguiria os mesmos planos, as mesmas rotinas. Havia chegado a hora de me reinventar. E você? Tente lembrar o momento exato em que essa realidade ficou nítida e seu dia a dia mudou.

Percebe como de uma hora para outra a sua vida mudou? Se não completamente, é provável que o reflexo da vida das outras pessoas não tenha (ainda) lhe afetado. É por isso que peço que, a partir de agora, você seja capaz de responder: "como está a sua vida?".

Veja que há uma mudança na conjugação do verbo SER, por ESTAR.

Julgamos, lá pelo começo de 2020, como seria a nossa vida e constatamos, já em março, que nossos planos eram ilusórios. Percebemos a dura realidade da efemeridade dos nossos projetos.

Sabemos que a realidade mudou, ou não?

Muitos dizem tratar-se de um inimigo que está a solta. Um inimigo invisível e implacável que fez os líderes de grandes nações parecem crianças assustadas. Fez o Papa, sozinho e cabisbaixo, perdoar os nossos pecados. Fez judeus e muçulmanos rezarem juntos. Fez o Brasil sucumbir.

Em meio a tudo isso, há uma única opção apontada como salvaguarda: ficar em casa.

Não interessa se você é patrão, empregado, se depende de trabalhos externos para sobreviver, a exigência é a mesma: fique em casa. Enfim, fomos obrigados a admitir aquilo que já sabíamos, mas não queríamos aceitar: somos todos iguais.

Elisabeth Roudinesco, historiadora da psicanálise reflete:

> Quando a vida e a morte estão em jogo, eu, pelo menos, não penso "ah, não tenho férias". O vírus não é a vingança da natureza, é uma

> pulsão de morte. A prioridade máxima é não morrer dessa porcaria. Na verdade, tenho alguns amigos que morreram disso.[5]

A quarentena, por mais longa que possa ser, é extremamente necessária. Roudinesco conta que passa os dias trabalhando em casa e saindo dela apenas para tarefas essenciais, como ir ao supermercado e passear com sua cachorra. É difícil passar tanto tempo longe dos nossos amigos e parentes, mas, por sorte, somos privilegiados na maioria das vezes. Temos internet e a tecnologia para nos conectar às pessoas. Não é maravilhosa essa distância, mas em comparação à vida e à morte, isso não é nada. Não há guerras como a do Iraque, apesar de as pessoas pelearem muito entre si sobre assuntos ligados à pandemia, à política e ao futuro da economia mundial.

Roudinesco ainda ressalta que é necessário raciocinar para perceber que o vírus é perigoso, mas que, por outro lado, as pessoas abstraem o que é importante. Não veem ou não querem ver. Talvez por isso seja inevitável restringir a saída das pessoas de casa, pois a ignorância predomina em boa parte da população.

Houve especulações de que a Covid-19 já rondava vários países da Europa ainda no final do ano de 2019. No início da quarentena ninguém acreditava que fosse um vírus tão devastador, até vermos uma porção de depoimentos, mensagens e vídeos de pessoas que vivem em países como Itália, Holanda e Portugal, apavoradas com a quantidade de mortes em um período tão curto. Desde então começamos a nos conscientizar (ao menos um pouco) sobre a importância do isolamento social e das medidas de higiene tomadas.

A seguir, há três depoimentos de cidadãos brasileiros que moram em países europeus, e como eles lidaram com essa grande crise. No primeiro depoimento, transcrevo uma carta

---

[5] ROUDINESCO, Elisabeth. Psicanálise em tempos de pandemia. *Fronteiras do pensamento*. 1 jul. 2020. Disponível em: https://www.fronteiras.com/entrevistas/elisabeth-roudinesco-psicanalise-em-tempos-de-pandemia. Acesso em: 13 ago. 2020.

de uma colega muito querida, que vive na Holanda. Ela diz o seguinte:

A quarentena tem me dado a chance de te escrever. Mesmo trabalhando de casa, tenho mais tempo agora do que antes, e estou aproveitando este momento devastador para me distrair escrevendo, o que é uma das coisas que mais gosto de fazer.

A situação aqui é de confinamento. Não estamos indo trabalhar. As escolas e universidades estão fechadas. Ainda há pessoas andando pelas ruas para irem até o mercado, à padaria, ao açougue. Transportes públicos ainda funcionam, mas poucas pessoas se atrevem a andar em algum e, mesmo assim só se pode entrar pela porta traseira. Logo, você não tem contato com o motorista.

Aqui na Holanda as pessoas respeitam bastante as regras, e não tem ninguém se sentindo em férias, não tem ninguém viajando, nem mesmo para visitar os familiares que vivem em outras cidades.

Os holandeses levam a sério, tão a sério essa pandemia que muitos deles se inscreveram para trabalhos voluntários nos hospitais e para dar suporte aos idosos que estão sozinhos.

Alguns produtos de supermercados ainda estão escassos, como papel higiênico, sabonete líquido, molho para macarrão, entre outros. Todos os dias estes produtos chegam e acabam logo.

Igrejas e cultos não têm celebrações. Tudo parado!

Temos um canal 24h com filmes que nos foi cedido pela Ziggo. Ninguém recebe visitas e, meu sogro que mora sozinho, sai de casa apenas para caminhar ou andar de bicicleta pela vizinhança para tomar um ar fresco. Ele faz compras online e não recebe amigos ou vizinhos. Todo mundo respeita!

Todo o comércio fechado!

Todos os autônomos parados!

Porque é preciso ficar em casa, para que esse vírus passe logo, sem levar muitas pessoas embora.

A crise, ela existe, porque a pandemia, para tudo e todos, não é fácil. Mas é preciso sabedoria para aceitar a situação e ter a certeza de que tudo vai passar, e de alguma forma se resolver.

Não adianta desobedecer, xingar, dar murro em ponta de faca, porque o confinamento se faz necessário. Se as pessoas aí no Brasil continuarem insistindo que é golpe político, que é exagero, que não estão nem aí e que não farão a quarentena, quem vai pagar o preço com a vida são os idosos e as pessoas que pertencem ao grupo de risco. Ou até mesmo, elas mesmas, se precisarem de leito em hospitais com oxigênio.

Não é fácil aqui, não será fácil aí no Brasil também. Se a pandemia está mexendo com a economia daqui, então vai chegar aí também. Porque nosso país não é diferente ou privilegiado.

Lendo as notícias dessa semana, fiquei indignada com quem não está nem aí ou está tratando essa realidade nua, crua, como férias de graça. Sinceramente, bom senso faz muito bem e não leva ninguém para o fundo do poço.

Querida amiga, se cuide e cuide de quem está ao seu lado. Aproveite este momento para ficar mais tempo com quem você ama.

"Sim" para a quarentena!

"Sim" ao confinamento familiar!

Ah, e se o seu consultório parar, se seus clientes desaparecerem, e as contas tirarem seu sossego, lembre-se que isso faz parte do momento difícil que estamos passando. Você não é a única, e tudo isso ainda é melhor do que ver um ente querido morrendo. Me perdoe pelas palavras duras, mas só assim entendemos melhor as coisas e as situações quando sentimos na pele verdade ditas ou precisamos viver na pele uma realidade doída. Até breve!

19 de março de 2020.

(Simone Guerra, psicóloga. Cidadã brasileira e atualmente vive na Holanda)

No segundo depoimento, descrevo uma conversa que tive, em troca de mensagens, com uma amiga que vive em Verona, mais especificamente Bergamo Brescia Cremona, na Itália:

Tenho 59 anos e meu marido 62, vou tentar resumir para você o nosso cenário pois está bem difícil organizar o pensamento.

Eu percebo que aqui existem duas Itálias: a dos que fazem piadas, levam com bom humor, reclamam, e cantam nas sacadas. Outra Itália que chora os mortos, o constante barulho das ambulâncias, dos parentes que não podem chorar os mortos porque são levados a cremar.

Na realidade trata-se de um cenário apocalíptico, tenho muitos amigos em Bergamo que estão muito tristes e até em depressão.

Morreu essa semana o carteiro da cidadezinha das minhas amigas e um outro atendente do correio delas. Meu marido e eu estamos entrando na terceira semana da quarentena, tenho uma filha que mora no centro da cidade e não a vejo faz 16 dias.

Antes da quarentena sabíamos da situação da China, mas não imaginávamos ter que parar de trabalhar. Foi difícil parar. Eu só parei porque minhas filhas exigiram.

Tive uma gripe muito forte um mês atrás e apresento ainda sintomas de tosse, minha médica me visitará essa semana. Eu na verdade não calculei que fosse sério, tomei antibiótico e fiz inalação por uma semana e voltei a trabalhar. Se fosse hoje não teria voltado e, certamente eu teria me curado totalmente.

Essa semana fui ao supermercado, e juro que senti medo de pegar nos produtos. Fomos de luva e máscara. Tudo que eu pensava era quero terminar logo e ir para casa.

As farmácias e os supermercados têm filas para organizar a entrada de no máximo 10 pessoas por vez, e 3 nas farmácias. Visitas em casa, nem pensar.

A situação é muito triste. Eu espero que no Brasil, seja mais leve. Aqui não está fácil!

22 de março de 2020.

(Ayda Siega, 59 anos, é brasileira e reside há 15 anos em Verona, na Itália. É professora de Inglês, cuidadora e baby-sitter.)

No terceiro depoimento, transcrevo a carta de um amigo que atualmente reside em Portugal, e conta um pouco de como a pandemia afetou o país:

Desde a semana passada, a situação tem sido galopante. Se há seis dias, quando relatei a situação, tínhamos 450 casos de Covid-19, no momento que lhe escrevo já ultrapassamos os 2 mil.

Tivemos também as primeiras vítimas mortais, que estão a aumentar todos os dias. O estado de emergência foi declarado! Só para que tenha uma ideia, essa medida nunca tinha sido aplicada durante a nossa democracia, elucidando a perigosidade da situação.

As famílias estão em casa, trabalhando por lá quando possível.

Só é possível a população sair de casa durante breves períodos, para situações absolutamente essenciais, como compras de alimentos, deslocação para o trabalho, pequenos passeios com animais de estimação, apoio a familiares e serviços de saúde.

Embora pareça trazer alguma normalidade, essas saídas de em ser realizadas sozinhos, desde que possível, sendo as aglomerações a evitar a todo custo.

Em termos de saúde mental, após quase duas semanas de isolamento, já se começam a sentir algumas quebras, principalmente no que toca o aumento de conflitos entre familiares e ao aumento de sintomas depressivos e de ansiedade provocados pelo isolamento.

Em todo caso, parece que o esforço que todos estamos a fazer tem tido efeitos, diminuído o número de casos, embora seja cedo para prever se descerá sempre e em que intensidade.

Uma coisa é certa, sem essas medidas o número de casos e de mortes seria muito superior.

Partilhe essa mensagem e apele para nossos amigos brasileiros para que respeitem as normas de higiene e afastamento. É muito importante para todos contermos esse vírus que não vê fronteiras, nem países. Depende de todos nós e de casa um de nós.

25 de março de 2020.

(João Fernando Martins, psicólogo, Mora em Portugal).

2. DURANTE A PANDEMIA
Julho de 2020, Brasil

No retorno da viagem comecei a perceber algo que me tocou. As pessoas em uma mesma realidade: ficar em casa para não ter contato com o vírus e não repassar para os grupos de risco.

O vírus que mudou nossas vidas me ensinou muitas coisas. Tomei consciência da minha vulnerabilidade. Descobri, sem anestesia, que nossa sociedade priorizava áreas que não eram tão decisivas, negligenciando outras, o que nos custou vidas. Talvez a abordagem que tínhamos dado como válida, apenas há alguns dias atrás, não tenha tido tanto sucesso.

Celebridades colocavam vídeos em suas redes sociais clamando pelo isolamento; empresas tentavam negociações para não lesionar seus funcionários; grandes líderes religiosos pregavam a união; havia aplausos nas sacadas para agradecer os trabalhadores da saúde.

Tocou-me profundamente, dias desses, o fato de os meus *feeds* em redes sociais estarem repletos de fotos de pôr do sol. Não me lembro de tantas postagens, ao mesmo tempo, de um fenômeno natural como esse. Imagens de Salvador, de São Paulo, de Minas Gerais... Todos contemplando a vastidão do céu. Tudo lindo! Não era hora de individualismo, e sim de vislumbrar o mundo com esperança, agindo com o mesmo propósito.

Entretanto, questionamentos, inevitavelmente, brotavam: "mas se eu não posso sair de casa, como vou trabalhar?"; "se não trabalhar, como vou pagar minhas contas?"; "se minha auxiliar doméstica não vier amanhã, quem lavará a louça?"; "como a economia brasileira ficará?".

O medo paralisa, angustia... O medo grita. O medo esconde a raiva e amplia a coragem.

Estamos covardes perante o desconhecido, perante o vírus, diante da magnitude de países desenvolvidos estarem empilhando cadáveres. Assistimos a essa triste e perturbadora cena de nossas televisões, através das quais os meios de comunicação trabalham de maneira incansável para trazer notícias, números, manchetes, depoimentos, atingindo picos altíssimos de audiência.

No Brasil, ficamos aflitos diante das palavras de governadores: "Abre", "Fecha", "É importante", "É frágil", "É pequeno...". Entretanto, empresas e pessoas se uniam. Máscaras chegavam ou eram confeccionadas nas máquinas de costuras de dentro de casa, fabricamos respiradores, hospitais foram preparados, profissionais se cadastravam para atuar na linha de frente, doações de milhões de pessoas resultando em álcool em gel de sobra.

Nossa mente primitiva sabe que algo ruim está acontecendo, algo que não podemos ver, e isso rompe nosso senso de segurança. O planeta como um todo está inseguro. Individualmente, em família ou em pequenos grupos várias pessoas já sentiram isso. Mas todos juntos? Uma grande novidade. Sentimos que o nosso mundo mudou.

O filósofo Mário Sergio Cortella[6] indica que "uma dúvida pode construir certezas". Muito se fala da imensidão de incertezas que a quarentena e o futuro pós-pandemia trazem, mas talvez essas incertezas sejam uma oportunidade de arquitetar novas certezas.

O sociólogo inglês Frank Furedi responde indiretamente a essa questão durante seu texto "Um desastre sem Precedentes": "O modo como se responde a uma pandemia é mediado pela maneira como se percebe a ameaça, pela sensação de segurança existencial e pela capacidade de dar significado ao imprevisto".[7]

---

[6] CORTELLA, M. S. Grandes pensadores da atualidade refletem sobre o mundo em pandemia. *Versatille*. 22 maio 2020. Disponível em: https://versatille.com/grandes-pensadores-da-atualidade-refletem-sobre-o-mundo-em-pandemia/. Acesso em: 15 set. 2020.

[7] FUREDI, F. Grandes pensadores da atualidade sobre o mundo em pandemia. *Versatille*. 22 maio 2020. Disponível em https://versatille.com/grandes-pensadores-da-atualidade-refletem-sobre-o-mundo-em-pandemia/.

Furedi reflete que a sociedade contemporânea não se enxerga mais como resiliente, mas se define por suas vulnerabilidades, permeando uma percepção de que a existência humana está ameaçada.

Para fugir da perseguição existencial, o sociólogo enfatiza a necessidade de desenvolver a **coragem** como valor compartilhado – e valores compartilhados são essenciais à solidariedade. Cortella insiste que:

> Em tempos em que a nossa existência física fica ameaçada, o primeiro passo é ficar vivo. É hora de ficar vivo com honra, sem que a lógica seja a do movimento destrutivo, da incapacidade de partilha e de solidariedade. Hoje o sentido da vida está em xeque porque a própria vida o está e assim algumas coisas se tornaram irrelevantes. Coisas que até 60 dias atrás pudessem ser decisivas para nós, hoje são absolutamente secundárias. Será que conseguimos lidar com isso como um momento transitório ou uma lição que a gente retoma mais adiante e reinventa nosso modo de ser?[8]

Infelizmente, nem todos encaram com seriedade as medidas restritivas orientadas para barrar a contaminação pela Covid–19.

Freud colocava em uma de suas teorias a angústia presente em situações de perigo – ou seja, a astúcia é concebida como uma reação ou preparação para o perigo.[9]

Outro dia li um artigo do especialista em luto David Kessler, afirmando que estamos vivenciando o "luto antecipado".[10] Luto antecipado é esse sentimento que temos sobre o que o futuro reserva, quando ele é incerto. É claro que os estágios do luto não são lineares e podem não acontecer

---

[8] CORTELLA, 2020.

[9] FREUD, Sigmund. *Obras completas, volume 17*: O futuro é uma ilusão e outros textos (1926–1929). São Paulo: Companhia das Letras, 2014.

[10] KESSLER, David; KÜBLER-ROSS, Elizabeth. *Os segredos da Vida*. Rio de Janeiro: GMT, 2004.

nessa ordem, mas, comumente, são: negação, raiva, barganha, depressão e aceitação.

Nítido é o estado de negação, que acontece no início, quando dizemos: "esse vírus não vai nos afetar". Mas existe também a raiva: "vocês estão me fazendo ficar em casa e tirando minhas atividades". Há a barganha: "ok, se estabelecermos o distanciamento social por duas semanas, tudo vai melhorar, não é mesmo?". Existe a tristeza: "eu não sei quando isso vai terminar". E, finalmente, a aceitação: "isso está acontecendo; eu descobri como lidar com isso".

A aceitação, como podemos imaginar, é onde está nosso poder. Encontramos algum controle nela. Nesse estágio, podemos pensar: "eu posso lavar minhas mãos; eu posso manter uma distância segura; eu posso aprender a trabalhar virtualmente".

Entretanto, para chegar à aceitação, chegamos antes a um período denominado luto não antecipado e não saudável, cuja sensação causada podemos chamar de ansiedade exagerada. Nossa mente começa, então, a nos mostrar imagens ruins, como: filhos ficando doentes, pais sozinhos no hospital, vizinhos morrendo; vislumbramos os piores cenários. Essa é nossa mente sendo protetiva.

É o que estamos vendo neste período que estamos vivendo, marcado por compras compulsivas, pânico e tristeza vivenciados pela população em situação de confinamento. Nesse momento pode aumentar o risco de suicídios, principalmente de pessoas deprimidas, mas também de pessoas que se sintam desamparadas. Seja por causa do desemprego ou por causa de uma redução drástica de salário, algumas pessoas podem entrar em desespero por não terem recursos para saldar suas dívidas e julgar que o suicídio seja uma saída.

A presidente da *International Stress Management Association* no Brasil (Isma-BR), a psicóloga Ana Maria Rossi, afirma em diversos artigos que o medo e a ansiedade têm um lado positivo e um negativo. O positivo é que eles nos colocam numa posição de alerta. Precisamos, com toda a garra, estar focados na prevenção. O medo, por exemplo, deixa as pessoas mais motivadas a práticas que inibem a disseminação do vírus. O negativo é que, quando medo e ansiedade são muito acentuados, podem se ser incapacitantes. Assim, acabam exercendo um controle sobre a pessoa, criando um estado de pânico.

Kessler, em outra entrevista, observou com astúcia que, no processo de luto, é preciso não ter alguém para resolver problemas ou reformulá-los, mas sim para testemunhar o luto. Ele aponta no livro *Finding Meaning: the Sixth Stage of Lief*, de 2019, que o luto pode levar à aceitação, ou seja, um passo importante para avançar para outro estágio.

Deixar de lado as situações que não conseguimos controlar exige autocontrole e, portanto, autoconhecimento. As emoções para serem compreendidas necessitam de acolhimento até se esvaírem, esse movimento deve ser respeitado e incentivado.

No luto antecipado a mente corre para o futuro e imagina o pior que pode acontecer. Para se acalmar, enfrenta-se a realidade de voltar para o presente.

O objetivo principal é encontrar o equilíbrio nas coisas que você está pensando. Se você sente que a pior imagem está tomando forma, tente pensar também na melhor imagem. Pense, por exemplo, que: todos nós ficamos doentes, mas o mundo continua a girar; nem todo mundo que você ama morrerá por agora; talvez ninguém morra, pois estamos todos nos cuidando. Nenhum cenário deve ser ignorado, mas nenhum deve dominar também.

Estamos acostumados a ter certo controle sobre a nossa vida; muitas vezes até supomos sermos capazes de controlar a vida das outras pessoas, e só isso já requer muitas horas de sessões de terapia. No momento atual é premente abrir mão daquilo sobre o que não temos controle. O que seu vizinho está fazendo está fora do seu controle. O que está no seu controle é ficar a um metro de distância dele, lavar suas mãos e usar álcool em gel. Foque apenas nisso.

Lembre-se: esse é um estado temporário. Ao mesmo tempo, devemos enfrentar nossas emoções e não rejeitá-las. Tente verbalizar como você se sente, dê um nome para aquilo que lhe incomoda. Nesse momento é muito importante nomear os medos e olhá-los de perto. Muitas pessoas me procuram, pois estão agressivas, com insônia, ofegantes e temerosas. Fugir dessas sensações somente faz acumular memórias emocionais desagradáveis. A coragem de olhar nos olhos do que nos aflige é uma grande virtude que pode ser experimentada a partir de agora.

É importante que reconheçamos o que estamos passando. Muitos de nós costumamos minimizar nossas dores, repetindo que há pessoas em piores situações do que a nossa. Mas esse é um argumento fraco. É necessário darmos o devido valor para nossos conflitos, para que assim possamos compreendê-los e resolvê-los. Ou seja, nós podemos e devemos dar vazão aos nossos sentimentos. Você pode, sim, dizer, por exemplo: "Eu me sinto triste, vou me permitir sentir essa tristeza".

Seu trabalho, nesse momento, é sentir a sua tristeza, medo ou raiva. Acolha esse sentimento, olhe-se no espelho e pergunte o motivo de estar se sentindo desse modo. Fale sobre suas aflições, não tenha vergonha, tire esse tempo para ser você com você mesmo.

2.1 SAÚDE MENTAL NA PANDEMIA

2.1.1 Como minimizar os estados de pânico e ansiedade

Existem pessoas que têm mais resistência e recursos internos para gerenciar situações angustiantes. Esses indivíduos possuem características em comum: são mais positivos, otimistas, tendem a olhar as dificuldades não como um problema, um obstáculo, mas como um desafio. Eles se motivam e se encorajam, podendo ajudar outros seres em dificuldade.

É inconveniente tentar minimizar a angústia de uma pessoa, pois isso fará com que ela se sinta ainda mais sozinha. Também não se deve dizer "relaxa, não é nada", pois isso fará a pessoa se sentir incompetente. Nessas horas, é necessário possuir empatia, se colocar no lugar dela para tentar entendê-la. Uma dica é chamá-la para uma conversa, para ela ser escutada. Na maioria das vezes, a pessoa que está sofrendo não quer ouvir conselhos, ela quer mesmo é falar. Um par de ouvidos será muito importante durante a pandemia.

Sintomas recorrentes como dores de cabeça e no corpo, dificuldade para dormir ou pensamentos obsessivos poderão prejudicar a sua rotina a ponto de começar a discutir com as pessoas do seu meio por banalidades ou não conseguir fazer tarefas simples, como acompanhar uma série ou ler um livro. Nesse caso é aconselhável buscar ajuda psicoterapêutica profissional, mesmo que online.

Para aliviar o estresse, muita gente pode recorrer ao álcool, a comidas gordurosas, a chocolates e à automedicação, como ansiolíticos ou indutores de sono, por exemplo. Não adianta criticarmos esse comportamento, mas vale tentar desviar a pessoa desse foco, chamá-la para ouvir uma música, ver um filme, brincar com as crianças, ou seja, apresentar uma alternativa. Preencher o tempo é extremamente recomendado: envolver-se em uma atividade nova, cozinhar, cuidar do jardim. Tudo isso promove o bem-estar e ajuda a desconectar das informações negativas e renovar as energias.

O distanciamento social pode gerar companhias até demasiadas para quem, de repente, se vê forçado a dividir o espaço limitado da casa com toda a família. Nesse caso, cabe manter o diálogo: sentar e negociar. Essa conversa deve envolver companheiros, filhos, pais, avós etc., e tratar da revisão dos papéis nessa nova configuração. O que é combinado em conjunto tem maior chance de sucesso. No momento da negociação, todos vão ter de ceder um pouco e dividir as responsabilidades.

O importante é não ficar preso permanentemente nos pensamentos negativos. Essas realidades emocionais devem ser como nuvens passageiras: sentimentos que são observados, aceitos e abandonados, para que, depois, retornem à luz, nos permitindo ver o que nos rodeia com clareza e com a calma interna adequada.

Daniel Goleman, em seu famoso livro *Emotional Intelligence*[11], explica que as pessoas, às vezes, se confundem quando falam sobre a necessidade de controlar emoções. As emoções fazem parte da vida e, portanto, nesse sentido "controle" nunca será sinônimo de bloqueio ou negação. Pelo contrário, é uma questão de modulação, de reduzir o efeito perturbador que certas emoções podem ter enquanto ainda entendemos sua mensagem e seu objetivo adaptativo. Por exemplo, se eu me sinto frustrado e até percebo a pontada de raiva por ficar tanto tempo em casa, é inútil negar ou tentar esquecer esse sentimento. O ideal é encontrar uma atividade que me permita "liberar" essa emoção. As chaves para o autocuidado emocional durante uma pandemia exigem um compromisso constante conosco.

Eu sugiro um exercício para você fazer: pegue papel e lápis e faça duas colunas. Em uma delas, escreva o que você pode controlar sobre essa situação (proteção contra o contágio, cuidar de si mesmo, cuidar da sua saúde física e emocional, criar estratégias para se sentir melhor etc.). Na outra coluna, escreva o que está além do seu controle (a duração dessa crise, por exemplo). Ao final desse exercício, reflita sobre essas colunas para perceber que, apesar de tudo, podemos controlar coisas importantes. Coisas que podem favorecer nossa calma, nossa maneira de encarar o momento.

2.1.2 Filtrar o que se vê e lê

Já lhe aconteceu de, após assistir a um filme de terror na televisão da sala, caminhar pelo corredor até sua cama cheio

---

[11] GOLEMAN, Daniel. *Inteligência Emocional*. São Paulo: Objetiva, 2004.

de medo? Da mesma forma, você já sentiu a tristeza lhe invadir ao ouvir uma música nostálgica? Ou então, quando voltou para casa depois de visitar um amigo especialmente negativo tenha se sentido exausto, irritado e deprimido?

Todos esses sentimentos não são acidentais. As informações que recebemos afetam nosso humor. Você reconhece a importância de selecionar cuidadosa e conscientemente o conteúdo com o qual está alimentando sua mente?

O psiquiatra e psicólogo austríaco Viktor Frankl[12] afirma em uma de suas obras que uma das liberdades humanas é escolher nossa própria atitude em qualquer circunstância. E é assim, aconteça o que acontecer, o que você nunca pode menosprezar é a maneira como decide administrar seus pensamentos.

As notícias que nos oferecem nos noticiários da televisão, assim como nas mídias escritas, são extremamente negativas. Somos inundados de infortúnios, catástrofes e eventos dolorosos que, em geral, não podemos mudar ou que podemos influenciar pouco. A exposição sem filtro a esse tipo de notícia pode nos encher de angústia, desamparo e desespero. Nesse sentido, tente filtrar as informações que você consome como ponto de partida para tomar decisões. Para isso, defina um filtro.

O conteúdo audiovisual que selecionamos durante nosso tempo de lazer também é importante. Filmes, séries, músicas, vídeos de qualquer tipo, todos eles estão associados a um determinado tipo de informação. Portanto, adquira o hábito de se perguntar: "o que estou vendo ou ouvindo está me programando positiva ou negativamente?".

O mesmo acontece com as redes sociais. Evite seguir as pessoas cujas postagens fazem você se sentir inferior ou insuficiente. Nas redes, muitas vezes são mostradas situações irreais, editadas e manipuladas, que podem gerar sofrimento se cairmos no erro de nos comparar aos outros.

---

[12] FRANKL, Victor. *Em busca de sentido*: um psicólogo no campo de concentração. São Paulo: Vozes, 2017.

2.2 NEGAÇÃO NO PERÍODO DA PANDEMIA

Sigmund Freud muito discorreu sobre os mecanismos de defesa do Ego. Durante a pandemia, um fenômeno, em particular, ocorreu: a negação. Freud explica que esse é um mecanismo para preservar o próprio "eu" ou o Ego, como conhecemos na psicanálise.

Em determinada entrevista[13], o psicanalista Contardo Calligaris falou sobre os negacionistas, aqueles que tentam minimizar a gravidade da Covid-19. Ele afirma que qualquer pessoa pode ter uma série de razões para negar a existência do coronavírus, e ainda pondera:

> Eu queria comprar um cruzeiro, vou à falência porque meu barzinho está fechado. Mas como eu, de um jeito estupidamente moralista, considero errado assumir isso, prefiro dizer que não tem vírus nenhum, é uma invenção, vou reabrir o meu comércio, sou patriota. Não tem nada a ver, um patriota também pode ser a favor do confinamento, se ele entende que é isso que vai proteger o seu país.[14]

O negacionista acha uma razão para esconder as suas próprias, que ele julga egoístas, mas que, na verdade, são normais e válidas. Dimensões inteiras do comércio estão sumindo da face da Terra, é justificável nos perguntarmos: o que vai ser do varejo? Vamos voltar a comprar na papelaria da esquina ou vamos comprar pela internet para sempre? É um desespero tremendo. Temos de aceitar isso como um fato digno, sem negar sua existência, ressalta Calligaris.

---

[13] CALLIGARIS, Contardo. Tenho medo de que coisas cotidianas não voltem nunca mais. *Fronteiras do Pensamento,* 05 maio 2020. Disponível em: https://www.fronteiras.com/entrevistas/contardo-calligaris-tenho-medo-de-que-coisas-cotidianas-nao-voltem-nunca-mais. Acesso em: 13 ago. 2020.

[14] CALLIGARIS, 2020.

2.2.1 O que é o estado de negação?

Negação é uma maneira de nos protegermos de um sofrimento, como o sentimento da dor de uma perda. É uma estratégia adaptativa que permite ao ego encontrar a homeostase, ou seja, o agradável que, de maneira indesejável, lhe foi subtraído. A negação é necessária, pois nos permite ganhar tempo para assimilarmos a realidade pouco a pouco, em doses aceitáveis para a nossa psique, o que nos permite sobreviver às mudanças.

Ela é designada, ainda hoje, como o primeiro estágio do luto. Muitas pessoas já estão familiarizadas com os cinco estágios de luto identificados por Elizabeth Kubler-Ross em um de seus livros, intitulado *On Death and Dying*[15]. Como já abordado no primeiro capítulo, são eles: negação, raiva, barganha, tristeza e aceitação. Esses estágios podem ser aplicados a todos os tipos de perda, não apenas por morte, e se deve ressaltar que eles não se desenrolam necessariamente de maneira linear. Além disso, pesquisas mais recentes sobre luto identificaram um sexto estágio: encontrar significado.

É preciso saber contornar a situação de negação de uma maneira delicada para conseguir superar as outras etapas, como a raiva, a negociação, a tristeza e, por fim, a aceitação. Lembrando que os psicanalistas mais contemporâneos já colocaram novas etapas ao luto, entretanto, a negação ainda persiste em ser verificada.

2.2.2 Negação da pandemia e suas implicações

Enquanto uma grande parte da população experimenta o medo, a angústia e a ansiedade na presença da Covid-19, outra parte dela não lhe dá a devida importância. Os dados da mídia que todos os dias mostram imagens do colapso nos hospitais,

---

[15] KÜBLER-ROSS, Elizabeth. *On Death and Dying*. Cambridge: Touchstone Book, 1997.

do número de infectados e de mortes crescendo a cada hora são percebidos por alguns com indiferença.

Por causa do alastramento rápido do novo coronavírus no mundo, o Ministério da Saúde fez diversas recomendações à população para evitar que o vírus não se propague, como o uso de máscara, o isolamento social e dar atenção especial à higiene: lavar bem as mãos e usar álcool em gel. O fato é que isso tudo que está acontecendo se torna de difícil assimilação para algumas pessoas, pois a pandemia acabou tirando o direito de ir e vir do cidadão, forçando-o à realidade em que ele percebe não ter o controle da sua própria vida.

A negação da pandemia é explicada por meio de uma dimensão denominada "efeito da irrealidade". Perceba algo aqui: todos os dias, quando acordamos, o sol continua a brilhar, temos conexão com a internet, comida na geladeira e nossa família por perto. Nesse cenário, como acreditar que existe um vírus altamente infeccioso que está tirando tantas vidas?

Por ser um acontecimento tão grande e ter chegado de repente, acabamos acreditando que, em um mundo tão avançado quanto o nosso, encontraremos uma resposta rápida para esse problema. Há um misto de esperança com ingenuidade, supondo que tudo será resolvido em questão de dias.

Perda e doença parecem estar longe do lar e do que é cotidiano. O efeito dessa irrealidade afeta muitas pessoas incapazes de agir com responsabilidade. O ato de negar a pandemia custa vidas e, sem dúvida, levará muito mais tempo para detê-lo.

O equilíbrio para este momento não é uma tarefa fácil, mas o caminho pode ser o entendimento dos acontecimentos de forma racional. Para isso, devemos filtrar as informações recebidas, compreender nossa falta de controle perante a vida e pontuar o momento presente, nos trazendo de volta para o mundo real. Assim, conseguimos harmonizar nossas emoções praticando a empatia, que nos leva à possibilidade de sentir como é estar no lugar do outro. E, então, podemos fazer a nossa parte de forma consciente e pensando em um bem maior e no coletivo.

Veja nos depoimentos a seguir os traços de dilaceramento que podem ocorrer quando estamos com o vírus ou quando vivenciamos a morte e adoecimento de alguém próximo.

Depoimento 1:

Em abril eu passei todo o mês em casa de licença, por causa da Covid-19. Em maio eu precisei voltar ao trabalho. Sou comissário de bordo, por isso passo por aeroportos lotados o tempo todo. As empresas de aeronaves e os próprios aeroportos têm todos os cuidados que a Anvisa exige, perante o vírus. Mesmo assim, acredito que contrai a doença em uma dessas viagens.

Comecei a sentir alguns sintomas: uma pequena dor na garganta, dor no tórax e nas laterais do peito, e também falta de ar. Fui até um hospital na minha cidade. Pediram para eu fazer um raio-x, medicaram-me com um medicamento conhecido para febre e dor. Fiz uma tomografia, que não mostrou nada grave. Porém em uma segunda tomografia, houve a suspeita de estar infectada pelo coronavírus. Passei 12 horas no oxigênio até me sentir melhor e ser liberada para voltar para casa.

No decorrer dos dias, tossia muito e sentia pouquíssimo fôlego. Descobri estar com pneumonia forte. Por isso, fui a São Paulo fazer o teste da Covid-19, em um hospital mais renomado. 48 horas depois voltei ao hospital e fui internada. Fiquei em um quarto sozinha.

Fiquei na ala do Pronto Socorro exclusivamente para Covid-19, após me levaram para o andar exclusivo de pacientes da doença. No quarto, isolada, com a janela aberta apenas 15 cm por causa da segurança, muitos pacientes nessa mesma situação atentavam contra a própria vida. O corpo clínico era muito temeroso, porém muito atencioso. A maioria deles já foi infectada com o vírus.

Fiquei 8 dias internada. No primeiro dia, sentindo todos os sintomas, fiquei o dia todo no oxigênio. No terceiro dia, eu me sentia muito desanimada, e minha voz não saía. Não conseguia conversar. Por causa disso, no quarto dia pedi auxílio a uma psicóloga do hospital. No quinto dia eu estava praticamente no fundo do poço. Pensava: "eu não me despedi de ninguém e estou piorando." Não conseguia nem digitar no meu celular. Comecei a me desligar das pessoas, e me senti muito sozinha.

Tive medo. Como se tivesse me confrontado com a morte. Fiquei deprimida. Aqueles 15 cm de janela aberta apenas me deixavam ver quando era dia ou noite.

No sexto dia, comecei tratamento com psiquiatra e a tomar medicações para dormir (rivotril). Eu sentia uma solidão enorme.

No sétimo dia comecei a ter pensamentos positivos e disposição. Foi tirado meu oxigênio e então, me senti melhor.

No oitavo dia levei alta, mesmo ainda não estando 100% bem.

Tudo o que aconteceu foi novo e inusitado. Fora do padrão. Eu nunca tive problemas de saúde e minha imunidade sempre foi boa. Eu sempre fui acostumada em estar rodeada de pessoas. Porém, em abril eu estava passando por uma fase de separação. Havia me divorciado do meu marido (fui casada por 30 anos). Talvez esse episódio foi o gatilho para o vírus entrar em ação no meu físico.

Os momentos internada e sozinha me fizeram mudar muita coisa na minha cabeça. Percebi que faltou falar algo construtivo e desatar alguns nós, acabei por ainda no hospital mandar mensagem para algumas pessoas.

Me senti à flor da pele.

Em casa, eu precisava voltar a trabalhar na semana seguinte. Contudo, foi necessário eu pedir licença do serviço e ficar no INSS. A recuperação está lenta.

Já se passou um mês desde então. Penso no que mudou. O que mais importa pra mim no momento creio que são as urgências. Estou reavaliando o que é urgente na minha vida.

(Ana Lucia Barcellos, 55 anos – Comissária de bordo).

Depoimento 2:

A minha tia Roseli é uma pessoa especial. Desde que se tornou enfermeira atua aqui na nossa cidade cuidando com esmero dos doentes. Com o novo coronavírus não foi diferente, ela estava a frente de um grupo de enfermagem e atuava nas Unidades de Pronto Atendimento.

Inúmeras horas de plantão foram necessárias para cuidar e salvar vítimas do coronavírus, entretanto isso lhe custou a própria saúde.

Um dia ela chegou na minha casa, era lá que ela se isolava pois tinha de fazer o distanciamento social e disse que a noite no hospital foi muito fria e que ela provavelmente estaria resfriada.

O resfriado se transformou em pneumonia bacteriana. Fez o teste da Covid-19 junto com seu marido e, quando recebi a notícia que o teste dela deu negativo e o dele positivo, novamente a levei para a minha casa para que ele ficasse isolado e ela comigo.

Lá, a acolhi. Foram dias ótimos, pedíamos lanches, conversávamos sobre nossos momentos em família, as nossas festas! Até que no sábado (dia 04/07) ela apresentou saturação muito baixa (84). Sua pressão arterial também havia baixado muito.

Ela então, me pediu para que alocasse um aparelho de oxigênio, pois não queria ir de jeito nenhum para o hospital e ser entubada. Foi o que fiz.

À noite, enquanto ela dormia, após sua meditação, coloquei perto dela um aparelho de luzes de infravermelho (azul). Me deitei em um colchão perto dela e toda hora eu ligava este aparelhinho nela, pois ela dizia que as luzes eram benéficas para a harmonização celular.

Quando eram 4 horas da manhã eu resolvi que iria dormir, entretanto ao fazer o acompanhamento da sua saturação, que já estava em torno de 87.

Foi nessa hora que tivemos que ir para o hospital. Deixei-a no atendimento, peguei os seus pertences e então ela me disse: "vou ficar, ore por mim, a tia vai voltar."

Fui embora chorando. Foi a única vez que desabei. Me senti impotente.

No outro dia ela fez um novo exame. Deu positivo para Covid-19.

Provavelmente ela já estaria com o vírus desde o dia 27 de junho.

No dia seguinte, eu comecei a sentir um sintoma relacionado ao coronavírus. Imagina usar duas blusas de frio, mais um cobertor e sentir as costas geladas? Era um misto de mal-estar e desespero. Parecia que eu tinha uma pedra de gelo nas minhas costas e no meu peito. Sentia um incômodo muito grande.

Tive muitos calafrios.

Na terça-feira, senti um mal-estar súbito.

Quarta-feira resolvi tomar um dipirona por conta própria e os sintomas foram encobertos.

Na quinta-feira, eu estava com febre e pressão arterial nas alturas.

Na sexta-feira, minha tia foi entubada. Eu passei três dias com febre em torno de 38 ou 38,8.

Na segunda-feira da semana seguinte, minha tia estava na UTI e eu perdi completamente o paladar. Não sentia sabor de nada. A complicação da parte respiratória foi na terça, com muito desconforto.

Fui ao hospital e pedi para fazer uma tomografia. Nela, foi constatado "vidro fosco" no pulmão e a pneumonia bacteriana.

Eu já conhecia um médico de uma cidade vizinha que sempre ajudava as pessoas com coronavírus. Ele foi um anjo em minha vida.

Graças a Deus, eu tomei a medicação corretamente. No dia 20 de julho, voltei a sentir meu paladar, porém minha boca parecia cheia de sal grosso (uma espécie de 'salmoura'). Tinha muita sede e ingeri 20 litros de água em 6 dias.

Passei 12 dias com diarreia. Acredito que tenha sido a pior parte desta doença.

Comecei a sentir alguma melhora quando completei treze dias com os sintomas. Porém eu tinha muita tosse e nas crises, me faltava o ar.

Não tive coriza e nem nariz entupido. Apenas tosse.

Acompanhei minha tia ir à UTI através do celular. Ela me mandou uma mensagem nesse dia que dizia assim: "Tatinha, a tia não passou bem. Cuida da família e ore pela tia. A tia vai sair dessa". Essas palavras me fortaleceram tanto. Eu tenho tanta esperança que ela volte. Penso nisso o tempo todo.

Acredito que a parte pior de tudo isso foi a separação da minha filha de 3 anos. Ela ainda dorme comigo. É grudada na 'mamãe'. Não senti a solidão como um incômodo, pois me envolvia com tarefas e funções cotidianas. Mas sem a minha filha perto de mim, foi muito difícil lidar com a situação.

O entendimento da minha filha com relação a mim foi surpreendente. Eu conversei e expliquei muito a ela. Ela é luz na minha vida.

Eu vejo que sou muito amada. Possuo uma família abençoada. Esse período conturbado tem me ensinado que a vida é tão curta. Faz eu perceber que temos que amar mais, viver mais. O simples já nos faz feliz e nos satisfaz tanto. Dinheiro traz comodidade, mas não traz felicidade.

A questão espiritual também mudou muito no meu cotidiano. Eu sempre participei de grupos de oração, na igreja católica. No entanto, fiquei completamente sem voz e não conseguia rezar um pai nosso, uma ave maria. Na penúltima semana de julho eu consegui finalmente cantar. Parece algo pequeno, mas pra mim foi uma conquista enorme. Agradeci a Deus por isso ter acontecido.

Minha tia, hoje, no 14º dia da doença, ainda fala comigo, mas agora nos meus sonhos. Desejo que logo ela se recupere e esteja junto a nós. Sinto muito sua falta. (20/07).

(Silvia Regina D'Antonio, 38 anos, administradora de empresas.)

2.3 O USO DE MÁSCARAS E A IMPORTÂNCIA DO OLHAR

Se o mundo externo há poucos meses se resumia em aparência e valores pautados na estética, com o advento da pandemia, *botox*, lentes dentárias e lábios carnudos foram substituídos por máscaras que deixam apenas os olhos a vista.

A necessária utilização de máscaras de proteção para evitar a transmissão do novo coronavírus e sua obrigatoriedade transformaram as relações sociais. Se ontem se dava mais ênfase no sorriso labial, hoje é perceptível a demonstração de alegria através do olhar. Há pouco tempo era costume rotular uma pessoa com a expressão pejorativa de "mascarada", hoje uma pessoa utilizando máscaras é aquela que protege a si e aos outros.

Em países como o Japão, o uso de máscaras protetivas por pessoas que estão com doenças respiratórias é comum já antes da pandemia, mas para nós, brasileiros, esse costume precisou ser incorporado no dia a dia.

Teve aquele que ostentou máscaras de marcas famosas: Gucci, Prada e Chanel; mas logo se envergonhou ao notar, nas redes sociais, imagens de moradores de rua com máscaras feitas de sacos de lixo. A dureza da realidade se manifestou no rosto dos menos privilegiados. O uso de máscaras desempenhou um papel muito importante que vai além de suas características sanitárias, nos colocou como iguais. Todos usam um mesmo aparato. Nunca se falou tanto através do olhar, tivemos também que reaprender isso.

Quando crianças, somos ensinados, desde muito cedo, a olhar nos olhos para nos comunicarmos. Com o passar do tempo, crescemos e esquecemos a importância que um olhar tem. O contato visual implica em uma série de processos cerebrais desde o nascimento. O olhar nos torna consciente da ação de outra pessoa, gerando importantes conexões.

Com a pandemia, o sorriso perdeu sua força para o olhar. Em tempos tão sombrios, com doenças como ansiedade, medo e depressão ainda mais acentuadas, é difícil pensar positivo e emanar boas energias para aquele que está à nossa frente. O pânico em pegar a doença fala mais alto. Mas são em gestos sutis, como olhos nos olhos, que percebemos o outro como ele é, encontramos simplicidade no cotidiano e, quiçá, uma esperança de um mundo solidário, onde as pessoas pensam no coletivo. Afinal, os olhos não mentem. O reconhecimento "olho no olho" é um exercício para um futuro mais humano.

2.4 VIDA PROFISSIONAL NA PANDEMIA

Dentre os inúmeros conflitos atemorizados diante do contexto atual, ainda perdura o medo de perder o trabalho devido à pandemia da Covid-19. Não se trata, de modo algum, de um medo irracional. É uma realidade, um fato que, como se fosse um tsunami, chegou. O que podemos então fazer nessa situação? Calligaris pontua:

> O fato é que há um comércio caindo aos pedaços, há gente que não tem mais como pagar o aluguel, cada um tem suas razões para querer voltar. Ninguém sabe se entramos em quarentena na hora certa. No fundo, existe uma grande perplexidade. Mesmo quando o isolamento for levantado e as crianças puderem voltar à escola, imaginemos julho, realmente não sei se vou concordar com a ideia de que meu enteado volte à escola naquele dia. Eu não sei se, no dia em que alguém declarar (o fim das restrições), vou ao cinema. Acho que não. E quando é que realmente vamos nos sentir bem para subir em um avião? Estou tentando me aproximar amigavelmente do Amyr Klink (navegador) para ver se depois que tudo isso acabar ele me leva para a Europa.[16]

Em um artigo publicado recentemente no *The New York Times*, foi apontado que, se as estratégias atuais forem mantidas, nossa economia morrerá de Covid-19. Há aqueles que realizaram seu trabalho pela internet durante a quarentena, mas com a incerteza do que acontecerá quando tudo terminar. São medos compreensíveis, mas o importante nesses casos é lembrar quais são as prioridades durante o caos.

---

[16] CALLIGARIS, Contardo. Tenho medo de que coisas cotidianas não voltem nunca mais. *Fronteiras do Pensamento*, 5 maio 2020. Disponível em: https://www.fronteiras.com/entrevistas/contardo-calligaris-tenho-medo-de-que-coisas-cotidianas-nao-voltem-nunca-mais. Acesso em: 13 ago. 2020.

Sabemos que é uma expressão muito recorrente, mas a prioridade é a proteção. A adoção de medidas de segurança adequadas toda vez que saímos é o mais importante, segundo especialistas. Devemos nos apegar à realidade imediata e ao que nos é pedido a cada momento. Entretanto, perder um emprego ou falir continua sendo preocupante.

Você tem todo direito de ter medo de perder seu emprego por causa da pandemia ou então que seu comércio naufrague. Você tem permissão para se preocupar, pois deixar que essa dor o assombre é inevitável e compreensível.

Entretanto, não são nada saudáveis certos discursos negativistas: "essa crise vai nos deixar na rua", "quando isso acontecer, nada será o mesmo e todos ficaremos sem trabalho" ou "haverá saques, muitos marginais na rua, será um desastre mundial".

Para medir o grau da sua ansiedade e tentar vencer certos dilemas, algumas perguntas devem ser respondidas por você mesmo: qual a probabilidade de que eu seja demitido? Será uma demissão temporária ou permanente? O setor em que trabalho terminará ou continuarei sendo necessário quando isso acabar? Se eu sou uma pessoa com longa experiência, devo ter medo de ser demitido e de que ninguém me contrate novamente? Isso é realmente um medo? O que eles me disseram no trabalho? Quais são as chances reais de que eles não precisem mais de mim quando a crise atual acabar? Caso você tenha perdido o emprego, o que deve fazer? Seria talvez uma oportunidade de melhoria?

Igualmente importante é identificar quais fontes, situações, informações e pessoas intensificam sua preocupação. Manter uma abordagem realista é essencial, mas não catastrófica. É vital saber se preocupar construtivamente e não de maneira derrotista. Em situações de dificuldade e incerteza, nossa mente deve sempre ser nossa aliada.

2.4.1 O trabalho na pandemia da Covid-19

Minha nova mesa de trabalho tem jornais e revistas espalhados, xícaras de café, montes de canetinhas coloridas, biscoitos de aveia, um chaveiro, amendoim, o estojo dos óculos, papéis e este computador de onde escrevo. São os resquícios dos muitos ambientes adaptados no mesmo espaço de atividades entre a manhã, a tarde e a noite.

Na rotina, uma nova realidade foi inserida: o *home office*, que não esperou pelas necessárias adequações e se instalou na cozinha, na varanda, na mesinha de centro da sala, nos quartos, ou seja, onde havia espaço para o computador. Trabalhar remotamente, insistir em manter a concentração junto do gato, do cachorro, do filho, dos saltos altos da vizinha no apartamento de cima e do: "mãe, tô com fome!", de uma em uma hora.

Se alguém ainda não percebeu as mudanças operadas neste ano, provavelmente não faz parte deste mundo. Muita coisa mudou, novos hábitos foram drasticamente impostos de maneira rápida, exigente e sem preparo.

As mães que pediam que os filhos saíssem do computador e fossem brincar com os amigos, agora insistem que permaneçam atentos à tela, enquanto elas mesmas dividem as tarefas domésticas com a entrega das metas diárias do escritório montado às pressas na sala.

Nunca se viu tantos youtubers, tantos influenciadores digitais e tanta gente conectada. Serão esses os tempos modernos?

Para o historiador Leandro Karnal[17], o "fetichismo" da presença física está se dissolvendo, pois as pessoas aprenderam não só a utilizar ferramentas digitais, mas também a otimizar os recursos disponíveis das plataformas e utilizá-los a seu favor.

Karnal ressalta que:

---

[17]   KARNAL, L. Grandes pensadores da atualidade sobre o mundo em pandemia. *Versatille*. 22 de maio de 2020. Disponível em: https://versatille.com/grandes-pensadores-da-atualidade--refletem-sobre-o-mundo-em-pandemia/. Acesso em: 15 set. 2020.

Com a crise, muita gente precisou aprender na marra como fazer lives, por exemplo. A imensa maioria dos professores e mestres ainda está sendo obrigado aprender sobre as tecnologias digitais e seus recursos como num passe de mágica. Nenhum educador até os anos 2000 teve formação para se tornar um youtuber.[18]

Mas há também outro tipo de pessoa, de quem pouco se fala. Há aquele tipo que, acostumado à vida urbana, a uma rotina rodeada de frenéticas nuances entre festas, restaurantes e viagens e, que, de repente, teve que ficar dentro do único quadradinho em que não se familiarizava: seu lar.

Para essa pessoa, em sua vida antes agitada, sempre procurando pelo que viria a preencher os seus dias com novidades, permaneceu o vazio de assistir a vida acontecendo por meio da televisão ou do computador. De protagonista transformou-se em telespectador.

Se dizia: "calma a quarentena passa rapidinho, nem dará tempo para você se acostumar", mas lá se vão mais de cem dias. Assim, há quem se sinta entediado em ficar sem nada diferente para fazer, a não ser contemplar a vida caseira. Muitos até se sentem culpados e inúteis, sem um objetivo, um trabalho, sem nada para produzir.

Antes da pandemia já vivíamos em constante cobrança interna, necessitando sempre produzir, trabalhar, fazer coisas sem nunca parar para um respiro, para ver o entardecer ou brincar com o filho.

Mas, com o novo coronavírus ficou decretado o isolamento e o distanciamento social. Escolas fecharam, dando início a aulas online. Trabalhos que pudessem ser feitos em casa foram adaptados para o momento.

Nos primeiros dias de quarentena, praticamente fomos forçados a desacelerar e a perceber que não temos controle

---

[18] KARNAL, 2020.

de nada. Uma das possibilidades que encontramos para utilizar a socialização, o trabalho e a comunicação foi o meio digital. Nossa casa deixou de ser apenas refúgio de descanso, tornou-se ambiente para trabalhar e estudar, mas também se tornou espaço de reflexão e reformulações (pessoais e profissionais). Em todo lugar lemos artigos ensinando novas línguas, a fazer aulas de yoga, pilates, musculação, terapias, finanças, tudo, absolutamente todo tipo de serviço é oferecido online. Assistir a shows, eventos, palestras e cursos ficou acessível e, até mesmo, gratuito.

E tudo isso para evitar a ociosidade, a dispersão, o tédio e, principalmente, os transtornos como a ansiedade e a depressão. Enfim, para termos a noção de nos sentirmos produtivos em tempo integral. Por conseguinte, surge a dúvida de como ser ocioso e ao mesmo tempo criativo, Ser produtivo e ao mesmo tempo relaxado, sem que a culpa transborde da mente para o corpo e tome conta dos pensamentos, atos e reflexos.

2.4.2 Mas o que é ócio criativo?

Ócio criativo é saber conciliar suas tarefas de trabalho ou estudos com a rotina de lazer, equilibrando-as na medida em que consiga extrair o melhor de cada momento. Isso sem se sobrecarregar e, ao mesmo tempo, sentindo prazer em tarefas que antes não sentia, fosse pela pressa ou pela correria do dia a dia.

O sociólogo Domenico de Masi, fala, em um trecho do seu livro *O ócio criativo*, que:

> Aquele que é mestre na arte de viver faz pouca distinção entre o seu trabalho e o tempo livre. Distingue uma coisa da outra com dificuldade. Almeja, simplesmente, a excelência em qualquer coisa que faça, deixando aos demais a tarefa de decidir se está trabalhando ou se divertindo.[19]

---

[19] DE MASI, Domenico. *O ócio criativo*. São Paulo: Sextante, 1995. s/p.

Ele ainda fala que a porcentagem de tempo gasta com funções profissionais compõe aproximadamente um sétimo da vida de uma pessoa, enquanto momentos de "tempo livre" são três vezes maiores.

Parece que durante a pandemia esse tempo ocioso dobrou, ou triplicou. Por isso, é fundamental saber aproveitá-lo de modo que consigamos harmonizar trabalho e lazer. Ou só o lazer, para aqueles que ficaram sem trabalhar nesse período. Esse descanso obrigatório que nos impuseram pode ser visto como algo benéfico. Podemos, por exemplo, nos entregar a uma boa música, a um filme, aproveitar instantes com filhos ou cônjuge, hábitos que há tempos não tínhamos. Isso também é produtividade. A partir daí, podemos extrair ideias e, principalmente, proporcionar para si próprio bem-estar emocional.

O ócio criativo é fundamental para o trabalho. Acredito que um não existe sem o outro. Se antes da pandemia vivíamos totalmente *workaholics*, concentrados em atividades que exigiam atenção imediata, agora vivemos com algum tempo livre. E o que fazer com ele?

Pois saiba que essa ociosidade é essencial, visto que ela nos traz capacidade de pensar, de estabelecer estratégias e dar passos em direção a novos projetos e, até mesmo, para as reinvenções que o atual momento pede.

Cozinhar, cuidar de plantas, ler livros e "maratonar" séries são atividades lúdicas que trazem conforto, prazer e calma. É importante também aproveitar esse tempo para cuidar da carreira, fazer alguns cursos, colocando pequenas pausas entre essas tarefas. Por isso, não abro mão do famoso *dolce far niente*, uma expressão italiana que significa desfrutar do "nada". Dar-se um tempo, olhar para o céu, apreciar as nuvens, o sol, a chuva e as estrelas, deitar-se no sofá e simplesmente apreciar o instante. Esse "não fazer nada" é altamente produtivo.

Quem sabe o "desfrutar do nada", de pequenos instantes, vire tendência para o futuro? Uma nova realidade, mais consciente das nossas urgências e do que realmente importa, que reflita em boa saúde física e mental.

Se há maior ociosidade para uns, há altas demandas de trabalho e aulas para outros. Mesmo com o isolamento social, a vida não pode parar. Por isso, as escolas optaram pelo serviço *homeschooling* (aulas a distância) e, algumas empresas adaptaram o serviço em casa (remoto ou *home office*). Como se não bastasse restringir às crianças a sua escola, o parquinho e o encontro com amigos, elas ainda precisam se adaptar a um novo modelo de ensino.

Estudar a distância não é tarefa simples para boa parte dos alunos, desde crianças até adultos, seja em instituições de ensino fundamental, médio ou superior. Adaptar-se a essa nova rotina pode trazer problemas de dispersão, sono desregulado e ansiedade. Além disso, muitos estudantes em situação de vulnerabilidade precisam realizar tarefas domésticas durante o dia, dificultando ainda mais a concentração nos estudos.

Por isso, é muito importante incorporar hábitos que caibam a diferentes famílias e classes sociais, como estabelecer um horário para dormir e acordar, encontrar um local agradável e silencioso para assistir às aulas e, principalmente, alternar momentos de estudo, de convivência familiar e de relaxamento.

Nesse modo de estudar, muitos pais tiveram não só que se adaptar à nova forma de estudos dos filhos como também passaram a ser os professores deles. Um problema muito grande para os pais, que já têm preocupações com seus próprios trabalhos (muitas vezes também de forma remota), ainda precisam ensinar e incentivar o estudo dos filhos. Isso pode gerar estresse para toda família. No entanto, se soubermos conduzir a situação de uma forma acolhedora, isso poderá trazer uma aproximação maior entre os membros da família e uma relação de afeto fortificado dentro dela.

Na década de 1960, o teórico da comunicação McLuhan afirmou que o mundo no futuro será uma aldeia global.

As novas tecnologias eletrônicas tendem a encurtar distâncias e o progresso tecnológico tende a reduzir todo o planeta à mesma realidade de uma aldeia: um mundo em que todos estariam, de certa forma, interligados.

Desde que a internet surgiu em nossas vidas, ela rompe fronteiras. No começo de todo o processo de isolamento social, a internet foi inserida no novo método de trabalho estabelecido, usando a comunicação digital ainda mais a nosso favor.

Infelizmente, nem todas as pessoas têm acesso à internet de qualidade e a oportunidades de trabalho remoto. Porém, é provável que muitas mudanças ocorram para essa tendência mundial transformar o jeito de trabalhar em teletrabalho, ou *home office*.

A seguir, transcrevo alguns depoimentos de pessoas que tiveram que se adaptar às novas circunstâncias de trabalho e estudos durante a pandemia:

Depoimento 1:

Estou em home office desde março. Sou do grupo de risco, pois sofro de doença autoimune.

No início, não tinha ideia que esta situação se prolongaria por tanto tempo.

Procurei manter a rotina para o trabalho, acordar na mesma hora, tomar café, tomar banho, me vestir e até me maquiar um pouco.

O que sinto falta é o contato direto com os colegas e, mesmo com toda tecnologia, nada substitui aquele bate papo presencial.

Saio de casa somente para assuntos essenciais, mas fico tensa, não me sinto segura.

São os opostos: o tédio de ficar em casa o tempo todo, e a insegurança de sair para a rua.

Tento pensar que a minha é uma situação boa, posso trabalhar em casa, mantenho o meu salário, enquanto tantas pessoas precisam sair de casa e, em alguns casos, até perderam o emprego.

Acredito que por trabalhar em órgão público, continuarei em teletrabalho após a pandemia, ou ainda, elegeremos o home office, trabalhando alguns períodos em casa e outros no ambiente do trabalho.

(Rochele da Paixão, 56 anos. Servidora pública federal. Aderiu ao teletrabalho durante a quarentena).

Depoimento 2:

Sou funcionário público da prefeitura de uma cidade de porte médio. Nós que trabalhamos na área voltada à saúde, direta ou indiretamente, temos que estar em "modo de espera", de alerta. É necessário ter sempre funcionários disponíveis para executar trabalhos aleatórios, mesmo que não sejam ligados à Covid-19.

Meu trabalho não tem como fazer em casa, em estilo teletrabalho, pois atendemos pessoas em suas residências.

Porém, houve uma grande mudança, desde o início da quarentena no nosso trabalho. Já não entramos mais nas casas, para evitar contágios pelo novo coronavírus. Nossos horários foram reduzidos para evitar a aglomeração dentro da sede onde ficamos. No início, íamos trabalhar dia sim, dia não, em sistema rodízio. Hoje, alteramos por turnos e grupos de trabalho.

Confesso que me sinto vulnerável em pegar o vírus não só no meu trabalho, mas pela questão de deslocamento e exposição em transportes públicos e na rua. Tenho medo de transmitir esse vírus a pessoas da minha família. Tenho um filho pequeno e uma mãe idosa e cardiopata, e me preocupo muito com eles.

De qualquer modo, eu considero gratificante poder contribuir para o combate da Covid-19 de alguma forma.

(Fabiano Saucedo, 39 anos. Trabalha como agente de endemias pela Prefeitura de Gravataí, RS)

Depoimento 3:

Começamos a quarentena em torno de uma semana após o primeiro caso confirmado na nossa cidade. Todo o setor de TI foi isolado, trabalhando de casa, fato este que que foi facilitado pela nossa forma de trabalho, praticamente toda digital. Outros setores da empresa trabalharam de forma escalonada, para manter a quantidade mínima de funcionários nos locais onde era necessário.

Em casa, eu senti muita diferença com relação a conseguir manter a rotina de trabalho, pois para mim a casa é um refúgio, um local de descanso. Porém, com a facilidade de já possuirmos, meu marido e eu (ele também aderiu ao home office durante a pandemia), um cômodo próprio para utilização do computador, consegui desta forma separar o tempo de trabalho, em que fico neste cômodo, com o tempo livre, onde fico nos outros cômodos da minha residência.

Como trabalho em órgão público, não vejo a migração para o home office como uma realidade, apesar de ser totalmente factível no nosso caso em específico. Mas para o setor de TI em geral, entendo que é totalmente viável.

Eu, por trabalhar com computadores, acredito que a tendência para o futuro será ainda mais digitalizada, principalmente em trabalhos remotos.

(L C., programadora de computadores e TI em órgão público municipal. Aderiu ao home office durante a quarentena)

Depoimento 4:

Lá por março, quando começou a quarentena, o escritório onde eu trabalho decidiu por trabalharmos em casa, mas sem saber quanto tempo usaríamos dessa modalidade de trabalho.

Para mim foi um grande choque! Não sabíamos o que aconteceria a seguir, se continuaríamos a trabalhar em home office e por quanto tempo duraria a quarentena.

Até aquele momento, eu nunca tinha pensado em utilizar um espaço da minha própria casa para trabalhar. No escritório, estou acostumada com toda a estrutura de trabalho, com mesas, computadores e impressoras, além da sala de reunião.

O pessoal do escritório foi se adaptando ao trabalho de acordo com a flexibilização ou rigidez impostos pelo governo, frente à pandemia. Assim, fomos nos adaptando durante o isolamento.

Em seguida, começamos o processo de rodízio de funcionários: parte trabalhava meio período em casa e revezava com o outro grupo que ficava no escritório, para não haver muitos empregados dentro do ambiente.

Foi então, em meio ao home office que surgiu um grande desafio: encontrar um lugar agradável e silencioso, que eu pudesse trabalhar dentro da minha própria casa. Pois talvez isso dure um longo tempo e não conseguiria trabalhar na mesa da cozinha ou na sala de jantar.

Eu gosto de trabalhar em home office. Consegui adaptar muito bem meu trabalho desta forma.

Apesar de que, na minha profissão atendo muitos clientes e, embora eu esteja fazendo os atendimentos de maneira online, há muitas pessoas que preferem fazê-lo de forma presencial, por isso é necessário eu estar no escritório algumas vezes.

Eu acredito que o home office é muito eficiente, porém na minha profissão não funcionaria somente assim. Precisamos estar presentes para reuniões entre empregados (meu escritório é grande), audiências (atualmente estamos fazendo várias online), mas a presença física ainda é fundamental.

Para o jurídico é uma tendência ficar cada vez mais virtual, o que estava previsto para uns cinco, dez anos. Com a pandemia, isso mudou e agilizou para o AGORA.

Sou adepta à tecnologia, mas sou conservadora e gosto muito de trabalhar com pessoas e a presença delas. Por isso acredito que sentiria muita falta da troca de informações, conversas e reuniões de forma física, e não somente virtual, se mantivermos o trabalho home office após a pandemia. Creio então, que é uma questão de eu me adaptar ainda mais a esse método.

(G. M., 33 anos, advogada e trabalha em sistema home office durante a quarentena, alternando turnos no escritório).

Depoimento 5:

Assim que começou a quarentena, meu primeiro pensamento foi que iria ser fácil, porque eu já ficava bastante tempo em casa, então pensei não notar diferença.

Porém, depois de um mês, mais ou menos, eu comecei a perceber o quanto faz falta poder sair de casa, encontrar os amigos, ir à escola. A relação com meus amigos continua a mesma, mas de forma virtual. Mesmo assim, sinto falta da presença física, das conversas e interação com meus colegas.

Estou no último ano do ensino médio e sinto que, por ser justamente o final do colégio, é o ano em que mais aproveitamos com colegas e professores.

Por causa da pandemia, não tivemos a viagem do "terceirão", e não sei ainda como será o ENEM.

Em relação à aula, foi mais difícil para eu conseguir me adaptar. A aula online é muito diferente da aula presencial, por isso achei muito estranho não ver os meus colegas e os professores pessoalmente. Por causa disso, percebi o quanto eu não dava importância a isso antes, o que me fez refletir alguns valores de vida.

Em consideração ao futuro, eu acho que vai atrasar tudo, no caso das matérias em si. Porque os professores não conseguem dar todo o conteúdo de forma online. Creio que se for pra gente se formar esse ano, a formatura presencial não acontecerá, infelizmente. Ou nos formaremos de maneira virtual, ou teremos um novo "terceiro ano" em 2021. Minha mãe acredita que esse ano foi perdido e que devemos começar do zero ano que vêm. Acredito nisso também. Quem sabe assim, seja melhor para todos.

(Gabriel Varalo, 17 anos. Estudante do terceiro ano do ensino médio, em escola da rede privada. Precisou incorporar aulas online à sua rotina escolar em meio à pandemia do Covid-19).

Depoimento 6:

No início da pandemia eu me senti "anestesiada". Não me preocupei com as aulas da minha filha, porque achei que seria um tempo de quarentena e voltaríamos à normalidade rapidamente. Reparei que a escola também ficou, digamos, em "modo de espera", surpresos e ao mesmo tempo sem saber muito como fazer.

Passando três semanas da quarentena, a escola começou a enviar atividades, porém como estavam despreparados, não levei muito a sério o ensino dela. Eram mais exercícios para a ocupação das crianças que com o intuito de ensinar.

Depois de um mês, a escola enfim se organizou com as aulas, passando a enviá-las pelo Google Classroom, já gravadas e, as apostilas que tivemos que buscar (os pais) na escola.

A partir desse momento, eu realizei uma rotina em casa para fazer um horário fixo para as aulas como seria quando ela ia para a escola. Todos os dias, logo após o almoço (às 13h) começa a aula.

Sempre mantenho essa rotina de horário. Eventualmente, se eu tenho um compromisso com cliente nesse horário, eu acabo flexibilizando. Mesmo assim, funciona mesmo a rotina estabelecida, até porque ela já estava acostumada ao mesmo horário antes, porque estuda à tarde.

A professora é ótima e muito competente. Ela também faz encontros diários pelo zoom para haver um relacionamento entre ela e as crianças. Sem fins didáticos, apenas como entretenimento. Acho isso maravilhoso!

Uma vez por semana eles têm um encontro com cinco alunos por vez, que é a hora da leitura. Eles estão em ano de alfabetização, por isso a professora precisa acompanhar a evolução deles. Por isso, eu tenho meu planejamento semanal onde eu incluo todas essas atividades dela.

Eu acredito que as crianças nessa fase de alfabetização e os adolescentes que estão época de vestibular foram os mais prejudicados com a pandemia, afinal são anos muito importantes para ambos. Eu tenho a sorte que a Helena acabou a pré-escola no ano anterior, com uma boa noção de alfabetização, por isso para mim foi mais tranquilo e não precisei alfabetizá-la. Imagino que outras mães que não tiveram essa sorte, estejam passando por um grande desafio e um momento muito difícil.

Sobre o meu trabalho, eu já trabalhava em home office antes da pandemia, então isso não foi novidade para mim. *Eu me considero organizada em relação aos meus compromissos, porém há um fator que influenciou muito no meu trabalho, que é ter minha filha o dia todo em casa,*

Então eu meu programei para que, durante as manhãs ela fique com a tata, às vezes minha mãe vem em casa para me ajudar também. Enquanto isso, eu faço minhas atividades, principalmente as externas. Já à tarde, enquanto ela fica em aula, eu me planejo para fazer trabalhos de criação. Nesses trabalhos, o que atrapalha são as interrupções, e aí tenho dificuldade em retomar à criação. Nessa parte, sinto falta dos meus momentos de trabalho sozinha. Por isso, minha velocidade no trabalho ficou muito reduzida.

De qualquer modo, sou muito grata pelo meu cenário, por conseguir trabalhar em casa, estar protegida, posso dar atenção aos meus clientes e ajudar minha filha. Porém têm dias que me sinto muito sufocada, estressada, pensando que não conseguirei dar conta de toda essa situação. Minha vontade é sair correndo ou não fazer nada. Mas depois eu respiro umas cinquenta vezes e, "vida que segue".

Hoje, apesar de todo esse turbilhão, acredito que já estamos adaptadas à nova rotina.

No caso da Helena, ela seguiu meu ritmo desde o início. Mas não entendeu que eu estava trabalhando, por isso me exigia muita atenção. No começo, tive que pedir ajuda para minha mãe e minha sogra para tomar conta dela. No decorrer da quarentena, ela começou a entender melhor o meu trabalho, e me deixava trabalhando no meu escritório sem interrupções. Foi principalmente quando ela começou a assistir as aulas dela, online, que entendeu que eu preciso fazer meu trabalho também.

Hoje ela já está totalmente adaptada às aulas online, e está mais autônoma em relação aos encontros com os colegas, por vídeo. Porém, eu noto que ela está muito acomodada em casa e não tem vontade de sair. Quando saímos de casa para ir ao supermercado, por exemplo, ela prefere ficar dentro do carro, e de máscara. Entendo que ela esteja mais apavorada com o vírus que nós adultos.

E sobre as aulas, se por acaso, quando elas voltarem, e for em sistema híbrido, para mim será tranquilo. Acredito que inicialmente, eles diminuirão o número de crianças nas salas de aula, mas com certeza será mais fácil de lidar.

(Tatiana Rech, 39 anos. Trabalha com design de interiores, em home office e tem uma filha, a Helena, de 7 anos, estudante do primeiro ano do ensino fundamental em escola da rede particular).

Depoimento 7:

Como qualquer outra pessoa, de qualquer outra profissão, me deparei com a pandemia.

No início, parecia ser apenas algo passageiro. Não me dei conta do tamanho da gravidade da situação.

O tempo foi passando, e a escola precisou inovar em recursos tecnológicos para continuarmos dando aulas, agora online.

Em meio ao caos, foi necessário então, se apropriar de novas estratégias para o nosso trabalho de professor (nós professores, a grande maioria, tínhamos resistência à tecnologia). Hoje, por causa da quarentena, encontramos nela uma aliada de trabalho e aprendizado.

Nós trabalhamos pela plataforma do Google, Classroom. Tivemos um grande amparo da escola, no que se refere a materiais físicos, tecnológico e, principalmente, a nível emocional. Mas infelizmente isso não é a realidade para a grande maioria dos professores, principalmente os que trabalham em rede pública de ensino.

A escola sempre nos amparou em todas as estâncias, fazendo nos adaptar a nova forma de trabalho.

Claro que foi difícil. E ainda está sendo muito difícil.

Porque jamais substituiremos o "olho no olho", a mão no ombro, o passar a mão no cabelo, chegar perto, perceber no olho da criança, se ela está realmente aprendendo, ou se tem alguma dificuldade, se está triste... Já, através da tela de um computador, eu tento tirar deles tudo o que desejo, mas é muito difícil.

Porque, quando se fala de criança, a primeira palavra que vêm à mente é "interação". Criança é interação, é contato, é movimento. E ficar ali por 2h, sentada em frente ao computador, por mais que eu tente ser mais lúdica possível (e tenho certeza que eles estão aprendendo bem), não é a mesma coisa. O encantamento é diferente.

A minha adaptação, inicialmente, foi assustadora, porque eu não sabia o que estava por vir. O amparo que tive da escola me trouxe segurança, isso sim, porém trouxe também compreensão de que algo para agora, sem alternativa. Assim, decidi fazer o meu melhor, com os meios que eu tinha naquele momento.

O que me deixa motivada, e acreditando que há laços e que eu consigo chegar aos meus alunos, mesmo por uma tela, é o sorriso que vejo em cada início de aula. É o "Oi profe, tudo bem?!", o "Oi profe, estou com saudades!". São esses detalhes que me motivam e me fazer ser o melhor que posso para eles, em suas aulas.

Acredito que, na pós-pandemia, ficarão sequelas em relação à aprendizagem. Muitas habilidades deixaram de ser trabalhadas. Acho que o processo reestruturar tudo isso será bastante demorado. Talvez uns 2 anos para colocar tudo em ordem.

De uma coisa eu tenho certeza, essa geração sairá mais resiliente. As crianças conseguirão vencer desafios maiores que surgirão em suas vidas. Para o professor, é mais difícil, mas para a criança é ainda mais. A vida social deles é a escola e, de repente tiveram que parar tudo.

A forma que trabalho com a minha turma, é sobre a resiliência. Afinal, é um ganho muito grande para eles. Falo algo como: "Aconteceu? Vamos seguir em frente e tirar o melhor disso, saindo desse momento mais fortes!"

Acredito que, após a pandemia, todas as pessoas que têm convivência com crianças em idade escolar puderam perceber que, pelo menos um pouco, da responsabilidade que é ensinar algo a alguém. O quanto essa função é gigante. E nós professores tivemos que reaprender a nossa profissão, aprender técnicas novas para tentar suprir essa ausência da escola durante a crise da Covid-19.

Sei que há muitas mortes, sequelas, crise econômica, mas esse período também é de reflexão. Pensar em termos pessoais e profissionais. É o que estou fazendo. Tentando tirar dessa tragédia, um aprendizado para toda a vida.

(Denise Alves, 42 anos. Professora do terceiro ano do ensino fundamental, em escola da rede particular).

2.5 SAÚDE MENTAL E ESTRESSE PÓS-TRAUMÁTICO EM PACIENTES COM COVID-19

A pandemia da Covid-19 já atingiu milhares de pessoas em todo o mundo. Pacientes que superaram a doença e que passaram por internação em UTI são mais suscetíveis a desenvolver um transtorno denominado de estresse pós-traumático (TEPT).

2.5.1 O que é Transtorno de Estresse Pós-Traumático?

O site do manual MSD explica que o transtorno de estresse pós-traumático (TEPT) constitui-se de lembranças recorrentes intrusivas de um evento traumático opressivo.[20]

No caso da Covid-19, que pode gerar uma situação traumática, os pacientes que enfrentam um quadro leve de TEPT podem apresentar sintomas como ansiedade, depressão, dificuldade de controlar os afetos ou até um retraimento afetivo. Já em casos mais graves, pode ocorrer uma espécie de *flashbacks*, ou seja, memórias invasivas que podem desencadear dificuldade de lidar com as emoções e, até mesmo, de percebê-las.

Sabemos que o distanciamento social é uma prática recomendada para diminuir a propagação do vírus. Embora a separação física seja necessária, pode gerar consequências para os confinados, especialmente aos que apresentam os sintomas da doença. Por causa disso, estes devem ter um nível de atenção maior.

Recentemente, houve pesquisas na China que investigaram se o transtorno de estresse pós-traumático foi predominante nos sobreviventes da Covid-19. O trabalho de pesquisa foi publicado na revista *Psychological Medicine*.[21] A pesquisa observa que um número significativo de sobreviventes do novo coronavírus sofria de TEPT antes de serem liberados da quarentena. Isso significa que o tratamento da doença deve continuar mesmo quando os

---

[20] Transtorno do estresse pós-traumático (TEPT). Manual MSD – Versão para profissionais da saúde. Brasil, julho de 2018. Disponível em: https://www.msdmanuals.com/pt. Acesso em: 13 ago. 2020.

[21] BO, Hai-Xin; LI, Wen; YANG, Yuan; WANG, Yu; ZHANGE, Qinge; CHEUNG, Teris; WU, Xinjuan; XIANG, Yu-Tao. Posttraumatic stress symptoms and attitude toward crisis mental health services among clinically stable patients with COVID-19 in China. *Psychological Medicine*, março de 2020. Disponível em: https: https://www.cambridge.org/core/journals/psychological-medicine/article/posttraumatic-stress-symptoms-and-attitude-toward-crisis-mental-health-services-among-clinically-stable-patients-with-covid19-in-china/32D66826C54EB1A96C008089C0DE500E. Acesso em: 13 ago. 2020.

infectados tiverem alta hospitalar. Por isso, há a necessidade de intervenções psicológicas em longo prazo para essas pessoas.

2.5.2 O tratamento do TEPT

O tratamento do TEPT é feito com psicoterapia associada a medicamentos tranquilizantes da classe dos benzodiazepínicos, porém eles devem ser administrados e prescritos por médicos especialistas.

É importante os indivíduos em tratamento manterem-se conectados aos outros, mesmo quando fisicamente separados. Mensagens de texto, telefonemas e videochamadas são boas ferramentas que podem ser usadas durante esse período. Precisamos permanecer fisicamente distantes um do outro, mas ainda podemos ficar socialmente unidos.[22]

2.5.3 O papel da família

A família tem um papel importante para o tratamento e acompanhamento de casos de TEPT. Parentes próximos devem ser compreensivos em relação ao sofrimento do paciente com TEPT, sem fazer críticas ou dar conselhos de senso comum, como: "o problema já passou, agora não há mais porque sofrer". Pelo contrário, há muito o que fazer e a empatia e o carinho dessas pessoas são fundamentais para pessoas que sofrem desse transtorno.

2.6 TELEMEDICINA E TELECONSULTA

Será que algum dia a medicina virtual conseguirá ser tão completa quanto a consulta presencial? Essa questão ainda precisa ser avaliada, mas o que se sabe é que nunca na história o assunto esteve tão em pauta.

---

[22] FISHER, James. *Are COVID-19 Patients at Risk for PTSD?* Psychology today, 04 abr. 2020. Disponível em: https://www.psychologytoday.com/us/blog/hope-resilience/202004/are-covid-19-patients-risk-ptsd. Acesso em: 13 ago. 2020.

O Brasil e outros países contaminados pelo Sars-CoV-2 se viram diante de novos desafios no âmbito da saúde, dentre eles, a telemedicina causou intenso debate envolvendo a classe médica e suas entidades representativas. Afinal, essas novas formas de atendimento virtuais representam avanços necessários e inevitáveis ou um retrocesso com graves consequências para a relação médico-paciente?

A Resolução n.º 1.643/2002 sobre telemedicina do Conselho Federal de Medicina (CFM), publicada no Diário Oficial da União no início de 2020 e sustentada por portaria do Ministério da Saúde, surgiu com a finalidade de regulamentar e operacionalizar medidas de enfrentamento emergencial, visando resguardar a saúde pública em tempos de pandemia da Covid-19.

Com base nisso, o Ministério da Saúde publicou a Portaria nº 467/2020[23], que dispõe em caráter excepcional, temporário e provisório sobre as ações de telemedicina, que incluem o atendimento, a emissão de atestados ou receitas médicas em caráter eletrônico etc., durante o período da situação de Emergência em Saúde Pública de Importância Nacional (ESPIN).

A Associação Médica Brasileira (AMB), em carta publicada em abril:

> [...] acredita que a incorporação de novas tecnologias à medicina é um caminho sem volta e que esse avanço pode ser muito positivo, desde que disciplinado por diretrizes responsáveis com foco no fortalecimento da relação médico-paciente.

Na resolução do CFM, a telemedicina é definida como o exercício da medicina mediado por tecnologias para fins de assistência, educação, pesquisa, prevenção de doenças e promoção da saúde. Também estabelece que ela pode ser síncrona (quando realizada em tempo real) ou assíncrona (via

---

[23] BRASIL. Portaria n.º 467 de 20 de março de 2020. *Diário Oficial da União*, Poder Executivo, Brasília, DF, 23 mar. 2020. Disponível em: http://www.planalto.gov.br/CCIVIL_03/Portaria/PRT/Portaria%20n%C2%BA%20467-20-ms.htm. Acesso em: 13 ago. 2020.

atendimento off-line) e elenca uma série de possibilidades de atendimento remoto: a teleconsulta, o telediagnóstico, a teleinterconsulta, a telecirurgia, a teletriagem, a teleorientação, a teleconsultoria e o telemonitoramento.

Dentre todas essas modalidades, a mais polêmica é a teleconsulta, definida como a consulta médica remota quando o médico e o paciente estão localizados em diferentes espaços geográficos. De acordo com a resolução, a primeira consulta deve ser presencial, mas com previsão de exceção para os casos de comunidades remotas, desde que no local o paciente esteja acompanhado por outro profissional de saúde. Nos casos de atendimento por longo período ou de doenças crônicas, a consulta presencial deve ser realizada em intervalos não superiores a 120 dias.

A teleconsulta ainda é uma questão em debate e que precisa ser analisada com temperança, pois não contempla aspectos fundamentais da relação médico-paciente caracterizados pela presença física das partes, do olho no olho do exame clínico e, principalmente, do apoio e conforto psicológico que, no momento da consulta, nós podemos oferecer aos pacientes fragilizados e a seus familiares.

A seguir transcrevo depoimentos sobre as situações enfrentadas pelos trabalhadores da saúde.

Depoimento1:

> *Sabe, quando tudo começou, em março, estávamos todos apavorados. A possibilidade de um vírus tão mortal... Era como um filme de ficção científica qualquer, no qual passamos por situações de risco e logo chega um mocinho e descobre a cura, e o filme tem um final feliz.*
>
> *Mas não é o que está acontecendo na vida real.*
>
> *Este filme de terror já dura cinco meses, e percebo que nesse mês de julho é que entramos mesmo na fase mais crítica.*

Aqui em Porto Alegre aconteceu como se estivéssemos em câmera lenta. Os doentes chegando lentamente, os colegas adoecendo... Numa espécie de cascata. Porque o vírus transmite primeiro os que estão na linha de frente, no caso a gente.

O contágio é muito rápido. Nos pega de surpresa, mesmo que todos nós estivéssemos sido avisados dessa possibilidade.

Quando realmente chegou, foi rápido demais.

Considero que estamos com sorte. Poucos sãos os casos graves, porém o suficiente para nos deixar assustados. Houve muitos afastamentos. Pessoas de nosso convívio, ficam com medo da gente, de se contaminarem.

Na nossa área de trabalho, a CTI, há muita união e companheirismo. Mesmo pelas dificuldades do dia a dia.

Nesta pandemia, até a sensação de estar entre família, unidos, nos foi tirada, pelo fato de ter que receber muitos profissionais novos, treinamentos no meio do estresse, e temos também, que nos manter firmes e fortes.

O psicológico não tem como não se abalar, porque lidamos com a morte eminente todos os dias, e ainda nas nossas casas, temos que administrar a preocupação dos nossos familiares.

Minha filha me perguntou um dia desses: "Mãe, se acontece de você adoecer no trabalho, como faço para poder saber notícias tuas?"

Nesta hora me dei conta que existe essa possibilidade e todos falam das piores situações nos hospitais. Nossa família está assistindo tudo pela TV. Como não deixá-los preocupados?

Dormimos e acordamos com essa sensação de quando vai ser nossa vez.

Até agora, não testei positivo. Talvez eu seja assintomática. O que seria ótimo, pois assim posso ajudar mais pessoas.

Agora veio outra demanda de pacientes com Covid-19, e se demorar muito para passar, vai nos faltar material para o trabalho.

Impotência é a palavra de todos os dias, nos últimos cinco meses.

A sobrecarga de trabalho aumenta cada vez mais, mesmo quando achávamos que já estava no máximo.

Espero que passe logo tudo isso. Mas infelizmente, não vemos perspectiva pra isso acontecer. Me frustro muito em ver que as pessoas têm valores diferentes dos meus.

Preocupação apenas com a economia, e não com a saúde e o próximo.

Mas, pelo ângulo que vejo hoje, a escolha é:

Quero me recuperar economicamente, com todos da minha família ao meu lado. Ou vou ter que me recuperar das duas situações, econômica e perda de familiares.

Porque a vida não volta, e ter que tentar explicar isso para alguns, as vezes é desgastante. Mas enfim...

Espero que possamos ficar mais humanos, no final de tudo. Que tenhamos nos ajudado e cuidar de nós mesmos.

Porque no final de tudo, o que importa é o quanto podemos nos humanizar e aprender!

(Andreia Antunes, 44 anos. Técnica de enfermagem do CTI do Hospital de Clínicas de Porto Alegre. Trabalha na linha de frente da Covid-19).

Depoimento 2:

Desde o mês de março, a rotina no hospital se transformou. Os esforços hoje, estão concentrados, de forma integral, em atender as pessoas que estão com suspeita de Covid-19.

Temos trabalhado com uma carga horária muito maior que a habitual. Todos os compromissos do hospital que não eram importantes, foram cancelados.

O trabalho durante a pandemia está sendo "exaustivo física e emocionalmente.

Tenho pouco tempo disponível para ficar com minha família. Tenho filho pequeno, de 1 ano e meio, e sinto muita falta dele, de estar junto e acompanhar seu crescimento e desenvolvimento.

Após quase dois meses trabalhando quase todos os dias da semana, teve um dia que desabei em lágrimas. Chorei porque não aguento mais ter que escolher quem tem mais chance de viver.

Ver familiares se despedindo dos pacientes no ato da internação, enquanto eu penso que isso pode ser o último abraço que eles podem dar é de cortar o coração.

Toda a atividade no hospital, neste momento, está voltada ao novo coronavírus. Chego em casa exausto, só querendo me deitar na cama e dormir profundamente.

No hospital, só falamos da pandemia e da doença, Confesso que, isso acaba levando a uma saturação mental.

Mas o pior de tudo é sair de um plantão caótico e ver gente nas ruas como se nada estivesse acontecendo. Pessoas bebendo, se aglomerando, fazendo festas... Às vezes sinto que meu trabalho é em vão. Mas sei que não é verdade. Mesmo assim, fico muito triste, pois nós da área da saúde cuidamos e nos preocupamos tanto com a saúde alheia e ver outras pessoas negligenciando a doença e o isolamento social é de ficar indignado. Espero que as pessoas se conscientizem do risco da doença. É preciso empatia e compaixão com o próximo. Se a dor do outro não dói em você, bom, deve ter algo muito errado aí.

(F. S., médico plantonista de hospital público. Trabalha na linha de frente da Covid-19)

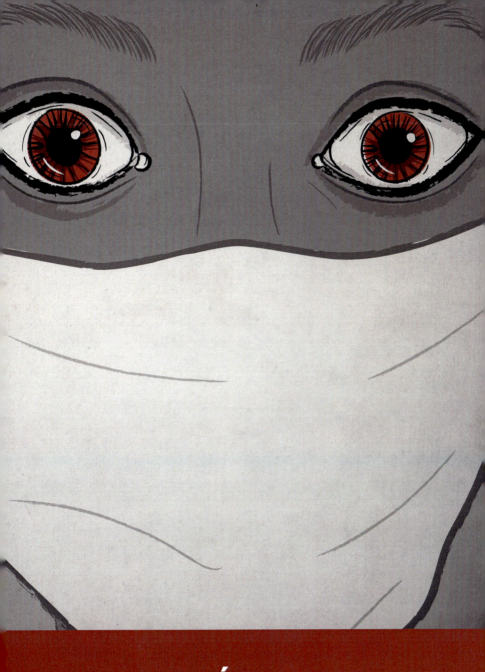

3. APÓS A PANDEMIA
Brasil

Dizem que depois da tempestade vem a bonança. Para escrever sobre uma realidade que ainda não vivemos na prática é preciso uma imensa dose de resignação. Por que digo isso?

Diferente do conformismo, a resignação nos coloca em um movimento de aceitação de uma situação que não fomos capazes de mudar.

Por longos dias, avistamos da janela de nossas casas o comércio fechado, as praças vazias, academias com luzes apagadas, filas no *drive-thru* de *fast foods*. Nas escolas, a nova ordem tomou conta. Se antes era preciso entender sobre a sala de aula, agora é preciso entender também sobre tecnologia, sobre o audiovisual. Como fazer uma criança de onze ou doze anos sentar e assistir aulas, fazer exercícios e provas através do monitor? O que as fazia ir até a escola era a socialização. Agora, são exigidos senso de disciplina e concentração; uma maturidade imposta e não aprendida.

Esquecemos que o conhecimento é adquirido por meio das vivências e não imposto pelas obrigações de um calendário. A intenção é muito boa, mas quais os frutos que colheremos dessa abordagem? Podemos questionar a eficácia e a necessidade de trocar um momento de real aprendizado sobre sobrevivência por preenchimento de relatórios para completar o ano letivo e chegar a novas matrículas.

Faz-se o que é exigido, imposto, por aqueles que acreditamos saberem mais do que nós. Por isso, a resignação se faz presente aqui também.

Vejamos o comerciante. O que lhe sobrou foram planilhas confusas, pouco confiáveis. O fechamento de seu estabelecimento foi impetuoso, unilateral, ordenado: feche as portas, se reinvente, seja criativo. Ele pensa na família do seu funcionário que depende do salário para sustentar filhos e a sogra doente. Ele tenta achar um modo de manter esse emprego, oferece soluções, negocia, mas a verdade é que não é possível dar conta de pagar por esse tempo em que não houve consumo, não houve repasse de ganhos.

Talvez eu não consiga passar a amplitude dessa situação, pois não entendo de números, entendo de palavras; assim como esse comerciante entende de vendas e não de publicidade ou de mídia sociais. Aí se nota, mais uma vez, a necessidade de sucumbirmos à resignação.

Você deve estar se perguntando: "então é isso, devemos nos conformar e nos resignar?". Talvez, num primeiro momento seja inteligente essa postura.

Países como o Japão não elegeram o modo de proteção ao vírus como no Brasil. Lá eles fecharam as fronteiras externas e deixaram o país interno aberto, claro, que com limitações. As pessoas se previnem com equipamentos de proteção individual, mantêm grupos de risco em isolamento. Há harmonia nessas atividades. Quem é mais favorecido no momento, auxilia aquele que não pode se expor. Na China, após longo período de confinamento, uma loja bateu recorde de vendas em um único dia.

Quando resmungamos e nos queixamos, exageramos as consequências negativas das situações adversas. Exigimos que "não deveria ser assim". Achamos a situação intolerável caso não aconteça da maneira como esperávamos. Com isso, sentimos uma ampla gama de emoções perturbadoras, incluindo raiva, depressão, pânico e desesperança.

À medida que vamos ficando mais velhos, aos poucos, passamos a aceitar que as inconveniências fazem parte da vida, e nossa tolerância à frustração aumenta. Existe um poder natural de resiliência em cada ser humano. Então, ao invés de enfrentarmos a realidade atual e esperar o pior, é necessário um olhar confiante de que temos essa capacidade evolutiva de nos moldarmos de acordo com a necessidade.

Foi assim quando o novo coronavírus chegou. Costuramos máscaras, construímos respiradores, festejamos por vídeo, namoramos por aplicativos, investimos em *delivery*, trocamos os shoppings pelos supermercados. Somos mutantes, percebem?

O que você fez enquanto estava em isolamento? Assistiu séries, comeu e dormiu de modo exagerado? Essas ações podem dizer o quão rápida será sua resposta frente ao cenário que se apresentará quando puder sair livremente às ruas e participar da vida cotidiana em seu trabalho, no comércio, na vida social propriamente dita.

Somos plenamente capazes de compreender a realidade do nosso cotidiano, com todas as suas exigências e frustrações, moldando nossas atitudes, principalmente, em decorrência da nossa estrutura de valores. Portanto, devemos acabar com os julgamentos. Cada um tem a sua estrutura. Respeitar os valores de cada pessoa é um passo na nossa evolução e consequente mudança.

Faça uma reflexão. Talvez você não diga a ninguém, mas você quer ser feliz. Talvez você não se dê conta, mas durante a sua vida você teve várias experiências para essa finalidade. Relembre algumas, e anote cinco dessas vivências. Esqueça os julgamentos. Não as classifique como boas ou ruins. Não existem experiências positivas ou negativas, mas sim experiências que servem ao nosso processo evolutivo. Qual é a experiência pessoal que você está vivendo agora para a sua evolução?

Ao encontrar algo que precisa ser aprimorado em você mesmo ou nos outros, assuma novos compromissos, novos desafios e estabeleça novos objetivos de evolução pessoal, como também de ajudar o outro a ser uma pessoa melhor. Pare de sofrer desnecessariamente e também de fazer os outros sofrerem. Mudar o modo de pensar em uma situação mudará o modo de se sentir em relação a ela.

Bruno Latour[24], sociólogo e filósofo, propõe um exercício: fazer um inventário das atividades que você não gostaria que fossem retomadas e daquelas que, pelo contrário, gostaria de ampliar.

Latour afirma:

> A mente é incessante e luminosa. Ela não para. Tem inúmeros estímulos. Você pode perceber esses estímulos todos e escolher o que você quer estimular. Como você escolhe que programa você assiste, que livro você lê, como você escolhe seus amigos e como você conversa com essas pessoas e quais são os assuntos. Através das nossas escolhas, nós vamos encontrando estados mentais. E podemos encontrar estados mentais de tranquilidade que a gente chama de estado Buda, de sabedoria e compaixão, onde há tranquilidade, assertividade e ternura.[25]

A resiliência é um conceito da física, da propriedade dos materiais de acumular energia quando submetidos ao estresse, sem sofrer ruptura. No campo da psicologia esse conceito é empregado para definir a competência de um indivíduo de superar obstáculos e resistir às pressões de situações adversas.

Resiliência é um fator que protege os indivíduos de desequilíbrios psicológicos. Seres humanos resilientes possuem uma autoestima estável, dotados de um repertório de habilidades para solucionar problemas.

Contardo Calligaris mais uma vez menciona o aumento de doenças psíquicas devido ao confinamento, ao relatar que:

> O confinamento bate em sintomas que já existiam antes. Quem sofria de claustrofobia desde sempre vai ter agora uma impressão constante

---

[24] LATOUR, B. Grandes pensadores da atualidade sobre o mundo em pandemia. *Versatille.* 22 de maio de 2020. Disponível em: https://versatille.com/grandes-pensadores-da-atualidade--refletem-sobre-o-mundo-em-pandemia/. Acesso em: 15 set. 2020.

[25] LATOUR, 2020.

de sufocamento, parecida com a ideia de ser enterrado vivo num caixão. Outra coisa: nossa interação social é muito maior do que a gente se lembra. As quatro palavras trocadas com o motorista do uber, o bom dia do porteiro, essas interações pequenas, somadas, são muito importantes pra nossa saúde psíquica. No fundo, podem ser fingidas, mas tanto faz, no fim do dia, todas têm um valor terapêutico, e contribuem ao funcionamento psíquico. Elas estão fazendo falta às pessoas, mais do que elas se deem conta. Enfim, eu, como todos os terapeutas, estou trabalhando mais, atendendo mais.[26]

Ele ainda especula que mesmo depois da pandemia, não acredita que as pessoas em geral pensarão no coletivo. O psicanalista ressalta que tem um carinho pelas pessoas que acreditam nisso, afinal, são amigos, camaradas. E ainda complementa:

Compartilhamos da mesma esperança, eu tinha essas esperanças antes mesmo do coronavírus. Será que acredito que o vírus seja um grande aliado? Não sei. Eu sou pessimista em geral, como qualquer freudiano. Tendo a imaginar que alguns hábitos mudarão ou terão mudado. Mas sei que o valor pedagógico e transformador das experiências é sempre incerto e sobretudo lento.[27]

Contardo Calligaris tem esperança de que o coronavírus passe sem ser uma carnificina social.

A impressão que tenho em São Paulo é de que a minha quarentena é um luxo, e de que 50% da população não está em isolamento. Pensamos sempre nas pessoas da saúde, mas e os porteiros de edifícios, se materializam como? O lixo na porta do apartamento, como aquilo é magicamente retirado duas vezes ao dia? E os empregados do transporte público? Como é que

---

[26] CALLIGARIS, 2020, s/p.

[27] *Idem.*

tem um porteiro, que evita o meu contato com os entregadores? Como é que tem entregadores? É um exército de pessoas da periferia, não necessariamente das favelas, que a cada manhã saem encarando o perigo de se contaminar.[28]

Há uma desigualdade econômica e de classes no mundo inteiro, mas conforme aponta Calligaris, temos algo diferente. Temos dois lados: os que podem se proteger e os que podem se contaminar. E ele ainda ressalta:

> Será que a pandemia vai nos ajudar a pensar o Brasil, a reinventar o país de um jeito um pouco diferente? Ou será apenas a comprovação da nossa divisão social? É preciso um tipo de apoio do governo absolutamente inédito na história da economia política. Jogar dinheiro por helicóptero, ter a coragem de assumir déficit público contrário aos ideais e ver o que vai acontecer. Não é de R$ 600 que estamos falando. É preciso imprimir dinheiro pra cacete. Apostar em uma renda básica. O comércio, por exemplo, construiu uma vida inteira em torno de hábitos de consumo que podem desaparecer. Não tem saída (para o governo). Ou então vamos criar um exército de excluídos e desesperados.[29]

Para finalizar, coloco, a seguir, depoimentos de algumas pessoas sobre o que elas esperam do futuro.

Depoimento 1:

> *Depois da pandemia, eu acho que vai melhorar a qualidade de vida, pois teremos mais cuidado com a higiene e com a saúde. Também daremos mais valor aos estudos e as relações com as pessoas.*
>
> *Em todo esse tempo, ficamos enclausurados em casa, devido aos cuidados do coronavírus. Eu*

---

[28] *Idem.*

[29] *Idem.*

senti muita falta do convívio com meus colegas da escola, na rua.

Acredito que logo tudo isso passará. Voltaremos a brincar nos parques e praças, ir à biblioteca. Mas infelizmente, não será como antes, pois teremos que mudar muitos hábitos de saúde e cotidianos.

(Helena Saucedo Righes, 9 anos. Estudante do terceiro ano do ensino fundamental, em rede pública estadual).

Depoimento 2:

Acredito que depois da pandemia, alguns hábitos poderão se tornar necessários para o dia a dia. Como usar álcool em gel nos estabelecimentos, também, o uso de máscara fazendo parte do dia a dia da população. Mesmo com a vacina, poderá haver alguma resistência em sentirmos segurança de novo.

Aulas virtuais e trabalho remotos serão opções mais viáveis.

Em relação à saúde, se depender do governo, continuará a mesma situação precária.

Não tenho uma opinião formada do que pode acontecer. É bem relativo, porque muitos não estão nem um pouco preocupados com a pandemia.

(Anderson dos Santos, 24 anos. Secretário)

Depoimento 3:

O novo coronavírus já mudou a nossa forma de viver, pensar e agir. Do futuro não temos como saber como será ao certo, mas o que percebo, é que as pessoas mais resistentes a mudança, são as pessoas que mais demorarão para se estabilizar, seja emocional, profissional ou socialmente.

Acredito que a chave para um futuro próspero para todos é a empatia e o bom senso em todas as áreas da nossa vida.

(Carolina Preussler Nonemacher, 24 anos. Design gráfico).

Depoimento 4:

Como gestora de empresa, penso que um dos maiores impactos será (e já está ocorrendo) no impulso as inovações: novas formas de relação de trabalho com o home office, novos formatos de produção de bens e serviços.

Tanto as empresas quanto os profissionais deverão desenvolver novas habilidades para o desafio deste novo cenário.

(Patrícia da Paixão, 51 anos. Economista, gestora de empresa na área da saúde).

Depoimento 5:

Qual futuro esperar pós pandemia?

Estamos vivendo um momento inusitado. Todas as pessoas do planeta passaram, ao mesmo tempo, por uma situação que não sabiam como resolver. Foi preciso ficar em casa! E este tempo foi um motivador de muitas reflexões. Um tempo para dar prioridade a saúde. Preservar a vida com saúde física, emocional, mental e espiritual.

Já falávamos sobre mudanças de hábitos na saúde e então, surgiu a pandemia para mexer profundamente com ela.

Viver bem é estar em harmonia com nosso corpo, com nossos relacionamentos, com nosso trabalho, com nosso lazer, com nossa espiritualidade, com nossa educação. Tudo faz parte da nossa saúde.

Quando voltarmos para a vida sem as restrições de hoje, desejo que tenhamos um pensamento mais consciente do que realmente precisamos e quem realmente somos. Então, aos poucos, com planejamentos diferentes de nossos governos e de cada pessoa individualmente, possamos reinventar uma sociedade mais humana para todos. Uma sociedade que valorize a capacidade criativa, inovando e adequando pessoas em seus trabalhos, dando retorno em qualidade de vida para a população.

Este é um tempo é precioso. Para quem soube aproveitá-lo, pode perceber e buscar conhecimentos, houve uma mudança, de alguma forma, sobre si mesmo.

O amanhã será diferente, eu acredito. Precisamos de pensamentos de valor, mais amorosos, derrubando paradigmas que não nos servem mais. Nossas crianças já estão nesta nova era, e como vamos prepará-las para o futuro que já começa a modificar?

Estaremos ao lado dessas crianças e jovens, para que sejam participativas nas mudanças que se constroem ao longo da vida?

(Katie P. Balen, 63 anos. Professora aposentada. Atualmente trabalha com massagem ayurvédica e reiki).

CONCLUSÃO

Pessoas que tendem a ver primeiramente as implicações negativas no momento em que são confrontadas com mudanças não possuem uma proposta ou visão clara de suas vidas e, portanto, acham difícil reorientar seus passos quando um problema inesperado abala suas expectativas. Elas acreditam que as mudanças deveriam ocorrer de modo lógico e ordenado. O que não ocorre em nosso mundo real.

De outro lado, há aquelas que, num momento de grandes mudanças, reconhecem o perigo da crise, posicionam-se de modo a obter uma vantagem da situação, encaram a mudança como sendo uma oportunidade a ser explorada. Essas pessoas possuem, em geral, uma visão forte e clara de suas vidas, o que lhes garante uma fonte de significado. Quando uma ação inesperada as desvia do curso, elas são capazes de se reorientar graças ao fato de acreditarem que suas vidas possuem propósito.

Então, pense: seu propósito de vida ajuda sua capacidade de resiliência? Qual o seu propósito de vida, aquele ponto que você coloca lá na frente para seguir?

Resiliência é a capacidade (velocidade) de permanecer de pé depois de uma adversidade. Quanto mais tempo se leva para se recuperar, menos resiliência se tem. Portanto, sonho sem resiliência é só um sonho. Qualquer um pode ter sucesso algum dia em alguma área de sua vida, mas manter o sucesso é que é difícil. Mas veja bem: querer não é poder, é somente querer, não te dá poder. Quando você quer muito, não aumenta sua capacidade em nada, aumenta sua ansiedade.

Todos temos aspectos positivos e negativos em nossa vida – realizações e fracassos, prazeres e decepções, perdas e ganhos, doenças e restabelecimentos. O segredo é focarmos um pouco mais em todas as coisas boas que temos. Deixamos de dar atenção a elas, pois as julgamos óbvias. Embora não percebamos, há muito pra se comemorar, basta abrirmos os olhos.

O objetivo da pessoa que pretende dar um passo na sua evolução deverá ser o de aprender a pensar com clareza, ser estável na maior parte do tempo. Portanto, fique consciente daquilo que lhe causa sofrimento e alegria. Assuma essa responsabilidade.

Para assumir a responsabilidade de ter a sua vida em suas mãos e conquistar aquilo que deseja é preciso CORAGEM. A coragem de levantar da poltrona, a coragem de dar um basta, a coragem de dar o primeiro passo. O segundo passo é encarar as dificuldades.

Assim como você quer o bem, deve semear o bem. Se você quer ter alegrias, deve fomentar a alegria. Se você quer progredir na vida, deve prestar atenção nos tijolinhos que constroem a estrada em que caminha.

Se você colocar tijolos de compreensão, amizade, humildade, tolerância, a sua mente estará voltada para esses valores e eles se tornam o seu objetivo. Assim como se você colocar as intenções meramente pessoais, você estará colocando tijolos frágeis da arrogância, do egoísmo e da presunção.

É preciso coragem para fazer do local em que você habita um lugar melhor. Por isso, pare de discutir sobre os defeitos e comece a trabalhar as virtudes.

Luz para o bem,

Natthalia Paccola

POSFÁCIO

01 de janeiro de 2021

Há inúmeras justificativas para este adendo. Em princípio este livro seria disponibilizado em novembro de 2020, entretanto a pandemia testou a saúde da autora, da editora e muitos outros fatores foram responsáveis pela nova programação.

Entretanto, pouco mudou desde que comecei a escrever os relatos sobre a nova ordem planetária com o advento do Coronavírus.

Apresentado no primeiro dia de 2021, um balanço feito pela Agence France-Presse, aponta que a pandemia do novo coronavírus causou ao menos 1.818.946 mortes no mundo desde que o escritório da Organização Mundial da Saúde (OMS) na China informou o surgimento da doença em dezembro de 2019.

Desde o começo da atual crise sanitária, o número de testes realizados, para detectar o Covid-19, aumentou consideravelmente, e as técnicas de rastreamento melhoraram, o que levou a uma alta nas infecções declaradas. Ainda assim, o número de casos diagnosticados reflete apenas uma parte da totalidade de contágios. Os casos menos graves, ou assintomáticos, continuam sem serem detectados.

Mesmo com algumas vacinas sendo lançadas, e aplicadas em algumas partes do mundo, essa boa notícia foi atenuada pelo surgimento de novas cepas do novo coronavírus potencialmente mais infecciosas. Exatamente como a pandemia evoluirá tornou-se mais incerto.

Uma vida livre do vírus provavelmente ainda está longe e o dia a dia pode não voltar a ser como eram antes. É difícil saber exatamente como a rotina se restabelecerá, mas há algumas coisas que podemos prever com um grau relativo de confiança.

As vacinas não são uma solução mágica: algum nível de precaução precisará ser mantido por meses. Em áreas onde a cepa altamente infecciosa é excessiva, restrições de alto nível podem durar até que a implantação da vacina termine. As mudanças virão devagar, principalmente na área de visitas a casas de repouso e reabertura de hospitais para tratamentos regulares.

Com o tempo, espera-se que viajar se torne mais simples, embora as companhias aéreas possam começar a exigir certificados de vacinação.

O uso de máscaras pode se tornar um hábito social em todo o mundo, sendo utilizada quando alguém não está se sentindo bem ou está preocupado com sua saúde, por exemplo.

A verdade é que o ano de 2020 não vai deixar saudades para muita gente. Nunca se fez tamanho silêncio, os momentos de introspecção foram impulsionados através da obrigatoriedade do distanciamento social, a tal ponto de gerar uma crise planetária em aspectos de saúde mental.

Percebeu-se, na prática, que não existe controle sobre a vida e que aqueles que são mais flexíveis a mudanças tendem a sofrer menos. Mas, mesmo as pessoas mais capacitadas para trabalhar com saúde mental, sentiram medo.

O medo associado à falta de perspectivas com o amanhã, a angústia de pouco poder frente a amigos e parentes isolados em hospitais lotados.

Participar de enterros de vítimas do Covid tornou-se um hábito a ser evitado e de extremo sofrimento. Observado de longe, o corpo da vítima do coronavírus era enterrado com precauções sanitárias, sendo observado ao longe, por uma cerimônia rápida, onde não há o ritual de despedida consolado entre abraços e palavras.

Entretanto, cada pessoa aprendeu a lidar consigo de um modo peculiar. Muitas ressaltaram a dificuldade em permanecer sozinhas, apenas convivendo consigo mesmas. Outras perceberam que são grandes amigas de si próprias e hoje já encaram o isolamento como algo a ser cultivado.

O fato é que nunca será como antes, mesmo que ainda se tenha esperança. Faz-se necessário encarar que a vida é mutante e que ela precisa ser vivida intensamente, como o pensamento voltado ao coletivo onde as ações são efetuadas localmente, cada um por si e a favor de todos.

Chegamos ao ano de 2021 nos perguntando o que aprendemos em 2020, sendo que a grande questão é: que sentimentos experimentamos no ano que passou e o que o novo ano pode esperar de mim?

Podemos falar sobre um novo começo de vida ou podemos evitar o assunto, a escolha é íntima e de acordo com cada aprendizado. Você será o mesmo depois das vivências de 2020?

REFERÊNCIAS

ABMS. *Resolução nº 1.643, de 7 de agosto de 2002.* Disponível em: https://abmes.org.br/arquivos/legislacoes/Resolucao-CFM-1643-2002-08-07.pdf. Acesso em: 13 ago. 2020.

A HUMANIDADE segue junta. Mesmo a distância. *Fronteiras do Pensamento.* 20 mar. 2020. Disponível em: https://www.fronteiras.com/artigos/a-humanidade-segue-junta-mesmo-a-distancia. Acesso em: 13 ago. 2020.

AMB. Associação Médica Brasileira. *Carta de 28 de abril de 2020.* Disponível em: http://sbradioterapia.com.br/wp-content/uploads/2020/04/NOTA-TELEMEDICINA_AMB.pdf. Acesso em: 13 ago. 2020.

BARNHILL, John W. *Transtorno do estresse pós-traumático (TEPT).* Manual MSD – Versão para profissionais da saúde. Brasil, julho de 2018. Disponível em: https://www.msdmanuals.com/pt/profissional/transtornos-psiqui%C3%A1tricos/ansiedade-e-transtornos-relacionados-a-estressores/transtorno-de-estresse-p%C3%B3s-traum%C3%A1tico-tept?query=Transtorno%20de%20estresse%20p%C3%B3s-traum%C3%A1tico%20%20(TEPT). Acesso em: 13 ago. 2020.

BRASIL. Portaria n.º 467 de 20 de março de 2020. *Diário Oficial da União*, Poder Executivo, Brasília, DF, 23 mar. 2020. Disponível em: http://www.planalto.gov.br/CCIVIL_03/Portaria/PRT/Portaria%20n%C2%BA%20467-20-ms.htm. Acesso em: 13 ago. 2020.

CALLIGARIS, Contardo. Tenho medo de que coisas cotidianas não voltem nunca mais. *Fronteira do Pensamento.* 05 maio 2020. Disponível em: https://www.fronteiras.com/entrevistas/contardo-calligaris-

-tenho-medo-de-que-coisas-cotidianas-nao-voltem-nunca-mais. Acesso em: 13 ago. 2020.

CORTELLA, Mário Sérgio. Grandes pensadores da atualidade refletem sobre o mundo em pandemia. *Versatille*. 22 de maio de 2020. Disponível em https://versatille.com/grandes-pensadores-da-atualidade--refletem-sobre-o-mundo-em-pandemia/. Acesso em: 15 set. 2020.

COEN. *Monja Coen afirma que autoconhecimento pode ser antídoto na pandemia*. Agência Brasil. 28 jun. 2020. Disponível em: https://agenciabrasil.ebc.com.br/geral/noticia/2020-06/monja-coen-afirma--que-autoconhecimento-pode-ser-antidoto-na-pandemia. Acesso em: 13 ago. 2020.

DE MASI, Domenico. *O ócio criativo*. São Paulo: Sextante, 1995.

FARIA. Geraldo. *Telemedicina e Teleconsulta:* avanço ou retrocesso? Uma breve retrospectiva dos fatos. Saúde Business. 04 jun. 2020. Disponível em: https://saudebusiness.com/mercado/telemedicina--e-teleconsulta-avanco-ou-retrocesso-uma-breve-retrospectiva--dos-fatos/). Acesso em: 13 ago. 2020.

FISHER, James. *Are COVID-19 Patients at Risk for PTSD?* Psychology today. EUA, 04 abr. 2020. Disponível em https://www.psychologytoday.com/us/blog/hope-resilience/202004/are-covid-19-patients-risk-ptsd. Acesso em: 13 ago. 2020.

FRANKL, Victor. *Em busca de sentido:* um psicólogo no campo de concentração. São Paulo: Vozes, 2017.

FREUD, Sigmund. *Obras completas, volume 17:* O futuro é uma ilusão e outros textos (1926-1929). São Paulo: Companhia das Letras, 2014.

FUREDI, F. Grandes pensadores da atualidade sobre o mundo em pandemia. *Versatille*. 22 maio 2020. Disponível em https://versatille.com/grandes-pensadores-da-atualidade-refletem-sobre-o-mun-do-em-pandemia/. Acesso em: 15 set. 2020.

GOLEMAN, Daniel. *Inteligência Emocional*. São Paulo: Objetiva, 2004.

KARNAL, Leandro. Grandes pensadores da atualidade sobre o mundo em pandemia. *Versatille.* 22 maio 2020. Disponível em https://versatille.com/grandes-pensadores-da-atualidade-refletem-sobre-o-mundo-em-pandemia/. Acesso em: 15 set. 2020.

KENDLER, Kenneth S. MURRAY, Robin M. *Posttraumatic stress symptoms and attitude toward crisis mental health services among clinically stable patients with COVID-19 in China.* Psychological Medicine, março de 2020. Disponível em: https://www.cambridge.org/core/journals/psychological-medicine/article/posttraumatic-stress-symptoms-and-attitude-toward-crisis-mental-health-services-among-clinically-stable-patients-with-covid19-in-china/32D66826C54EB1A96C008089CODE500E. Acesso em: 13 ago. 2020.

KESSLER, David; KÜBLER-ROSS, Elizabeth. *Os segredos da Vida.* Rio de Janeiro: GMT, 2004.

KESSLER, David. *Encontrar significado:* a sexta etapa do sofrimento. São Paulo: Scribner, 2019.

KÜBLER-ROSS, Elisabeth. *On Death and Dying.* Cambridge: Touchstone Book, 1997.

LATOUR, Bruno. Grandes pensadores da atualidade sobre o mundo em pandemia. *Versatille.* 22 maio 2020. Disponível em: https://versatille.com/grandes-pensadores-da-atualidade-refletem-sobre-o-mundo-em-pandemia/. Acesso em: 15 set. 2020.

O mundo pós-pandemia: os desafios da retomada nos negócios. Agência Influência. 12 maio 2020. Disponível em: https://www.agenciainfluencia.com/o-mundo-pos-pandemia/. Acesso em: 13 ago. 2020.

ROUDINESCO, Elisabeth. Psicanálise em tempos de pandemia. *Fronteiras do pensamento.* 01 jul. 2020. Disponível em: https://www.fronteiras.com/entrevistas/elisabeth-roudinesco-psicanalise-em-tempos-de-pandemia. Acesso em: 13 ago. 2020.